本书为

江西省社会科学"十四五"（2022 年）基金重点项目

"江西汉代墓葬与相关历史研究"（项目编号：22WT64）成果

江西安福起凤山汉墓群考古发掘报告

江西省文物考古研究院
安福县博物馆 编著

文物出版社

图书在版编目（CIP）数据

江西安福起凤山汉墓群考古发掘报告 / 江西省文物
考古研究院，安福县博物馆编著. -- 北京：文物出版社，
2025.4. -- ISBN 978-7-5010-8637-5

Ⅰ. K878.85

中国国家版本馆CIP数据核字第2024TW6895号

江西安福起凤山汉墓群考古发掘报告

编　　著：江西省文物考古研究院
　　　　　安　福　县　博　物　馆

责任编辑：彭家宇
责任印制：张　丽

出版发行：文物出版社
社　　址：北京市东城区东直门内北小街 2 号楼
邮　　编：100007
网　　址：http://www.wenwu.com
邮　　箱：wenwu1957@126.com
经　　销：新华书店
印　　刷：北京荣宝艺品印刷有限公司
开　　本：889mm×1194mm　　1/16
印　　张：18
版　　次：2025 年 4 月第 1 版
印　　次：2025 年 4 月第 1 次印刷
书　　号：ISBN 978-7-5010-8637-5
定　　价：380.00 元

Archaeological Excavation Report of the Han Dynasty Tombs at Qifengshan, Anfu, Jiangxi Province

by

Jiangxi Provincial Institute of Relics and Archaeology

Anfu County Museum

Cultural Relics Press

目　录

附　录

后　记

ABSTRACT

插图目录

彩版目录

第一章 概述

第一节 地理环境与历史沿革

一 地理环境

起凤山汉墓群位于江西省吉安市安福县境内。安福县位于江西省中部偏西、吉安市的西北部，地处北纬27°4′～27°36′、东经114°～114°47′。东邻吉安市区，南接永新县，西与萍乡市莲花县交界，北和宜春市、新余市分宜县接壤。全县东西长76千米，南北宽59千米，总面积2793.15平方千米（图一）。从公元前222年建县以来，曾设郡建州，从三国吴宝鼎二年（公元267年）始，一直是全县政治、经济、文化、交通的中心。

安福地势西北高，东南低，三面环山。武功山脉屹立于县境西北部，雄伟峻峭，主峰金顶海拔1918.3米是全省境内最高峰。陈山山脉自湘赣边界的永新、莲花进入安福西南，向东偏北延伸，止于县境中部。走向与武功山大致平行。县境南部和东北部为低山、丘陵地形。东南地势低平。

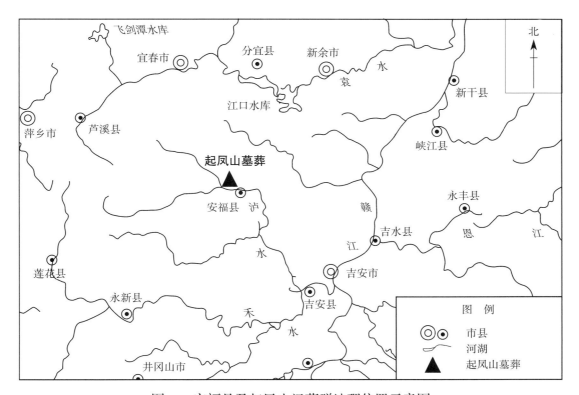

图一　安福县及起凤山汉墓群地理位置示意图

竹江乡洋口村附近泸水河面，海拔 57.5 米，为全县最低点。地貌以侵（或剥、溶）蚀构造地形为主，河谷洪冲积平原也占一定比例。中山地形主要分布于武功山南麓与陈山南端，高程 1000～2000 米，山势高陡，侵蚀切割剧烈，山顶谷底多有溪流，水流湍急，局部地段飞流直下形成瀑布，植被茂密，以杉、松为主。低山地形分布于浒坑、章庄及陈山一带，高程 600～1000 米，山起伏连绵，山势陡峻、雄伟，局部地段形成陡峭的峡谷，多有水流，植被茂密。低山丘陵地形分布于社上水库至浒坑及陈山南北边缘地带，风化剥蚀强烈，高程 300～600 米。丘陵地形主要分布于县城北、山庄、枫田以东，高程 10～300 米。地形圆包状山及单斜山，山顶浑圆，地表岩石多呈松散状，植被较稀疏，沿河两岸冲刷较强烈，河谷呈"V"形，谷底堆积风化碎屑物质。局部地区有塌陷现象，属构造剥蚀地形。丘陵岗埠地形分布于庄下、寮塘一带，高程 100～160 米。丘陵圆平各异，形成岩溶残丘和丘陵凹地。溶洞发育，产生石芽与地下暗河，具有岩溶漏斗，或小型溶蚀残地。丘陵平缓，一般均被红色黏土或亚黏土覆盖，有崩塌现象，地表沟谷发育，属侵（溶）蚀地形。河谷冲积平原主要分布于泸水和陈山河的几大支流两岸，构成长条形的冲积、洪积平原，组成三个阶台地，一阶台地由冲积层之亚黏土、亚砂土及砂石层组成，阶地较为开阔。泸水与陈山河高程均为 70～100 米，梯台高 3～5 米；二阶台地分布于水河两岸，右岸较为发育，呈条带状断续出现，由亚砂土及砂石土组成，台地比较平坦，高程 90～100 米。梯台高 5～7 米，三阶台地在泸水河两岸零星分布。

县内大小河流纵横，流域水系发育。主要江河有泸水河、陈山河、同江。泸水河是县境内最大的河流，发源于武功山泸潇山麓，由西向东贯穿县境中部，流经大布、钱山、洋溪、严田、横龙、江南、平都、枫田、竹江等 9 个乡镇。主要有洋溪水、灵金河、泰山水、七都水、双田水等支流，在竹江乡东部的洋口村汇合陈山河出县境进吉安，注入赣江，是赣江水系二级支流之一。泸水河主干流，在县境内长 125.5 千米，大布至严田为上游，河宽 50 米；严田至县城为中游，河宽 70 米；县城至洋口为下游，河宽 100 米。天然落差 594 米。总流域面积为 1869.1 平方千米，其中县境内为 1729 平方千米。平均流量为 47.5 立方米每秒，汛期最大流量 2660 立方米每秒。清朝时期可通航至洋溪，最大通航能力 70 吨。1956 年以后由于水利水电建设的兴起，分散了水源，缩短了航程，减弱了通航吨位。陈山河发源于县境西部彭坊乡陈山村的上墩、坪江头。由西向东蜿蜒于县境南部，流经彭坊、洋门、石溪、金田、洲湖、甘洛、寮塘、竹江等 8 个乡镇，在竹江乡的洋口村汇合泸水河出县境进吉安县。主要有芦溪水、拓田水、北山水谷源水等。全长 90.4 千米，上游河宽 7～20 米，水深 0.5 米，中下游河宽 35～55 米，深 1～2 米，天然落差 545 米。流域面积 1110.1 平方千米，其中县境内 897.5 平方千米，多年平均流量 28.2 立方米每秒。陈山红心杉木和南乡的粮食、大豆、油脂等农产品，过去靠此河输出，清朝时期汛期通航可至洋门集镇，现在木船可至洲湖镇。同江是赣江水系一级支流，发源于分宜县桐岭山中，流经县境内赤谷乡的赤谷、集丰、苍坑、陂头等村，在陂头村的洋陂出县境进入吉安、吉水，注入赣江。同江是过境客水，在县境内河段长 15.6 千米，宽 35 米，河深 1 米，天然落差 29 米，流域面积 83.4 平方千米，多年平均流量 4.68 立方米每秒。可放运木竹排。

安福县属中亚热带季风湿润气候，具有气候温和，雨量充沛，日照充足，干湿明显，四季分明，冬、夏季时间较长，春、秋季时间较短，无霜期较长的特点。农业气候条件比较优越，既有利于喜温作物的种植，也有利于秋播作物的安全过冬。因受季风影响造成降水和温度变化大，容易形成干旱、洪涝、酷热、冷害等自然灾害。由于境内海拔高低悬殊，各地温度差异较大。全县历年平均气温 17.7℃。年平均无霜期 279 天，山区无霜期较短。年平均降水量 1553 毫米。年平均日照时数 1649 小时，山区日照偏少。全县划分三个气候区，一是东南部的泸水河、陈山河中下游一带，主要为粮食、经济作物生产区。包括平都、江南、竹江、枫田、横龙、寮塘、甘洛、洲湖、金田、石溪、洋门等乡镇的全部或一部分。海拔 60～90 米，多为冲积或洪积平原以及岗地。热量较为丰富，年平均气温 17.5～18.5℃。无霜期长达 280～290 天，热量为全县之冠，是全县商品粮以及棉油、柑橘等作物的主要生产基地；二是从北到南的中部地区，包括赤谷、山庄、连村、严田、柘田等乡镇的全部或部分，以及横龙、寮塘、洲湖、洋门、金田、彭坊等乡镇的一部分。海拔 90～180 米，年平均气温 17～17.5℃，无霜期为 270～280 天。雨量较多，年降水量为 1520～1620 毫米。以丘陵为主，天然草山草坡较多，是全县粮食、油料、茶叶等经济林以及发展畜牧业的产区；三是温凉多水的县境西北部，包括大布、钱山、泰山、浒坑、章庄、洋溪、彭坊等乡镇的全部或大部，以及山庄、严田乡的一部分。多为武功山脉山体组成，峰高谷深，海拔高低悬殊，高的山峰在 1700 米以上，低处海拔 200 米左右。年平均气温 17℃以下，无霜期不到 270 天。热量资源较差，但水分条件好，年降水量在 1620 毫米以上。由于日照少、温度低、降水多、湿度大，适宜于杉、松、竹、药材的生产，是全县林业主要产区。

安福自然资源丰富，土地资源有水稻土、潮土、石灰土、紫色土、红壤、黄壤、黄棕壤、山地草甸土等土壤类型。土壤偏酸，养分比例失调。养分含量有较大差异。水稻土氮素中上，多数少磷普遍缺钾。旱地氮素极缺，磷素含量较多。自然土壤因植被、母质和地形的差异，一般钾元素较多，但严重缺磷。植物资源有红心杉木、马尾松、黄山松、樟树、银杏、楠木、栎树、竹柏、扁柏、红豆杉、湖南木等，全县高等植物有 500 种以上，名优、珍稀树种有 300 种左右。经济林和果树有油茶树、油桐、山苍子树、毛竹、方竹、茶叶、李子、杨梅等。野生的各种药用植物，有根（块）茎类、全草类、花叶类、根皮树皮类、果实籽仁类、藤木树脂类、菌藻类等 7 大类，500 余种。花卉品种繁多，主要有木本、亚木本和草本 3 大类，近 100 种。木本类有银杏、白玉兰、广玉兰、二度梅、迎春、月季花、五姐妹、七姐妹、变色龙、茶花、杜鹃、夹竹桃、茶梅、梅花、芙蓉、寿仙桃、石榴、五色梅、扶桑、含笑、夜来香、桃花、梨花、葡萄花、映山红、楮子花、蔷薇、茉莉花、金南太、佛手、八月桂、月月桂、日本樱花等。亚木本类有长春花、倒挂金钟、四季果、苏铁等。草本类主要有芍药花、牡丹花、一串红、一掌红、百日红、大丽花、天天红、凤仙花、鸡冠花、醉蝶花、韭菜花、葱兰、仙人掌、仙人球、霸王树、含羞草、紫罗兰、万年青、太阳花、美人蕉、荷花、君子兰、海棠花、文竹花、朱顶红、黄花、六月菊、牵牛花、百合花、五角星、茑萝花、水栀子、马兰花、龟背竹、石竹花、水竹花等。动物资源主要有兽类、禽类、鱼类、两栖类、甲蚧类、蛇虫类等。华南虎和短尾猴为优稀兽类。矿藏资源有钨、铁、铜、铅、锌、锰、砂金、稀土等金属矿藏以及煤、粉石英、石灰石、石膏、花岗岩等非金属矿产。

起凤山汉墓群主要分布在安福县城西北角约 1 千米的平都镇枫林村彭家起凤山南坡及王家岭一带。东面为环城公路，北、西两面为矿区，南距泸水河约 300 米（图二）。

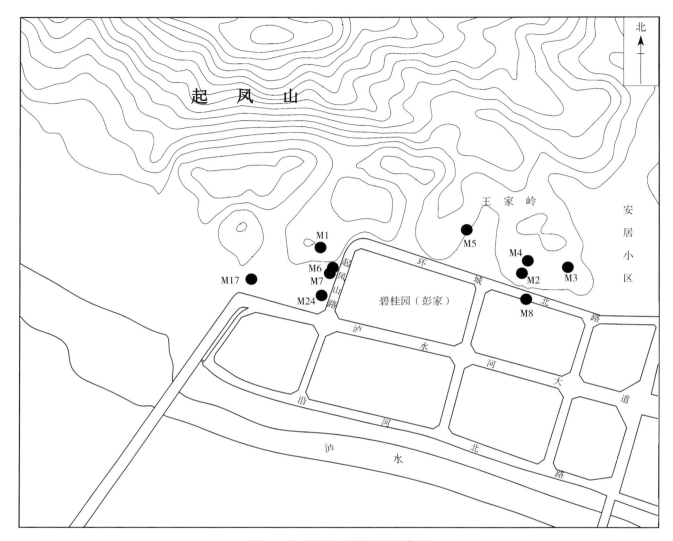

图二　起凤山汉墓位置示意图

二　历史沿革

安福县历史悠久，古为荆、扬二州境地。从周初到春秋战国时期，先后隶属于吴、越、楚三国。

战国初期，周元王三年（公元前473年）越灭吴，安福境地属越；战国中期，周显王十四年（公元前355年）楚灭越，安福境地并于楚。公元前223年，秦灭楚，次年在安福建置安平县和安成县。公元前221年秦始皇统一六国，分天下36郡，安平县属九江郡，安成县属长沙郡。西汉高祖五年（公元前202年）平定楚地，安平县隶属豫章郡；安成县仍属长沙郡（图三）[1]。

东汉和帝永元八年（公元96年）设置平都侯国，改安平县为平都县，属豫章郡。汉献帝初

---

[1]　谭其骧：《中国历史地图集》第二册，中国地图出版社，1982年，第22、23页。

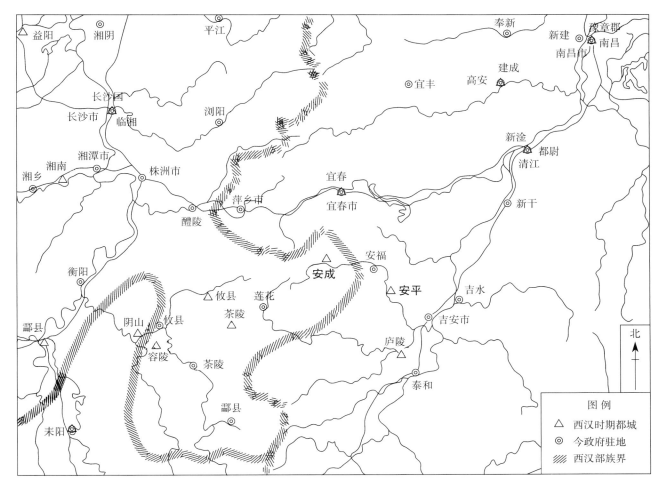

图三　西汉时期安平县、安成县位置示意图

平二年（公元 191 年）置庐陵郡，平都属庐陵郡，隶扬州；安成县仍属长沙郡，隶荆州。三国吴宝鼎二年（公元 267 年）设立安成郡，辖安成、平都（安平）、宜春、萍乡、新余、永新六县。

西晋太康元年（公元 280 年），安成郡新增广兴县，安成改为安复县，统七县，改隶荆州。

隋开皇九年（公元 589 年），将安复、平都二县合并为安成县，开皇十年（公元 590 年），废安成郡，安成县隶属吉州，开皇十八年（公元 598 年），安成县改为安复县。

唐武德五年（公元 622 年）升安复为颍州，武德七年（公元 624 年）废州，安复改为安福县，安福之名自此始。

元元贞元年（公元 1295 年），又改安福为州。明洪武初年，废州，恢复安福县。

清乾隆八年（公元 1743 年），从安福县上西乡划出 12 个都之地（即今莲花县的路口、湖上、闪石、坊楼、高州、六市等乡镇），与从永新县划出的一部分辖地，设置莲花厅（今莲花县）。

民国时期的安福县，1912 年直属省，1914 年属庐陵道，1926 年直属省，1932 年属江西省第十行政区，1935 年属江西省第三行政区。第二次国内革命战争时期，安福县属老革命根据地，先后隶属井冈山根据地和赣西南苏维埃政府、湘赣省苏维埃政府。

1949 年 7 月 14 日，中国人民解放军解放安福县。安福县先后隶属江西省吉安分区、吉安区、吉安专区、井冈山专区、井冈山地区、吉安地区、吉安市 [1]。

第二节　工作概况

2019 年 8 月 30 日，在修建安福县环城北路施工取土时，施工单位在起凤山南麓山坡挖出了漆皮、残破椁板及大量木炭（彩版一，1），安福县文化广电新闻出版旅游局及时向江西省文物局作了汇报。8 月 31 日，江西省文物考古研究院受江西省文物局的委派，组织专业人员对现场进行了勘查。现场暴露部分椁板，分布面积 4～5 平方米。椁板见有上下 2 层，最大的一根长 5.2、宽 0.4、厚 0.2 米。椁板上覆盖白膏泥、木炭等（彩版一，2），初步判断此处应为战国晚期至西汉时期高等级贵族大型木椁墓所在地。

2019 年 9 月，经国家文物局批准，江西省文物考古研究院和安福县博物馆组成联合考古队开始对其进行抢救性考古发掘。

考古工作开始之初就制定了详细的发掘方案和预案，依靠已经发掘的莲花县安成侯墓的材料以及学术界已有的相关研究成果，尽可能对发掘的每一个阶段进行预判。基于墓葬规模较大以及安福境内西汉时期曾经分封过安成侯和安平侯的史实，我们从墓园的角度和墓地布局的思路开展考古工作，确认是否有整体规划的墓园及附属设施，同时也想寻找当年侯国所在区域。因此，工作之始，首先以起凤山为中心，对周围 20 千米范围内进行了考古调查，对墓葬周边展开了较大范围的考古勘探，虽然由于两千年来墓葬周边地形地貌已发生很大变化没有找到墓园痕迹，也没能找到确切的当年侯国所在地，离预期目标相差甚远，但在周边调查勘探出数十座两汉时期墓葬，表明此处为两汉时期的大型墓葬群（彩版二）无疑，由此 2020 年转为主动性考古发掘。自 2019 年 8 月 31 日至 2021 年 11 月 23 日，发掘工作历时两年三个月，共清理面临被破坏的汉墓 6 座，其中西汉土坑墓 5 座（M1、M6、M7、M17、M24）、东汉砖室墓 1 座（M8）。M1 规模最大，面积近 100 平方米，发掘时间也最长，达一年零二个月，其次为 M17，面积近 70 平方米，为 2021 年 2 月施工单位在一号墓西南约 200 米的位置取土时发现（彩版三），发掘工作近半年，其他几座面积较小，发掘时间为 1～3 个月。

在发掘过程中，以聚落考古的理念为指导，开展了多学科的综合研究，使用三维扫描和延时摄影等科技手段辅助资料收集工作，本着"慎之又慎，确保文物万无一失"的原则，始终将文物的现场保护摆在首位。注重实验室考古在考古工作中的作用，适时采用套箱提取进行实验室考古的方法，有效保护脆弱质文物和埋藏情况复杂的文物。提取出的文物都在考古工地的应急保护场所进行现场应急保护处置后，再进入文物保护工作用房，实施专门保护。在提取遗物过程中，考古发掘人员和文物保护人员紧密合作，共同提出提取预案，共同参与到文物提取和保护工作中。根据墓内可能出现的随葬品，针对不同材质文物，特制定不同处置和清理方案。对脆弱质遗物尽量采取整体打包提取，室内实验室考古的方式进行清理（彩版四）。打包过程中，力求做到提取

---

[1]　安福县志编纂委员会：《安福县志》，中共中央党校出版社，1995年。

对象整体性，且对周边其他遗存影响最小。在遗迹的清理过程中，综合考虑了后期的展示需要和效果，如 M1 墓道只清理了三分之二（彩版五，1），保留了部分封土、东壁木炭和白膏泥交替层（彩版五，2）以及墓底枕木（彩版六）等。发掘期间，多次邀请汉墓考古、数字化考古和文物保护专家进行学术研讨和到现场进行指导，为发掘工作的顺利进行保驾护航（彩版七）。

起凤山汉墓编号按照被发现的先后次序进行，器物编号由"发掘年份＋地名吉安安福起凤山拼音首字母＋墓葬拼音首字母＋墓葬号＋器物号"组成，如 2020JAQM1：1、2021JAQM6：1。本书为行文方便，在各章随葬器物部分采用简写，如 M1：1、M6：1。

整个发掘工作由李荣华担任项目负责人，先后参加发掘工作的有江西省文物考古研究院的徐宏杰、李娟、陈慧、郑贝贝、吴振华以及技工黄军桃、陈珩珩、万维梁，安福县博物馆的唐戟平、刘丽珍、何财山、刘君武，吉安市博物馆的王臻、温葵珍，南昌市博物馆的田庄，鹰潭市博物馆的江凌，吉安县博物馆的刘佳，玉山博物馆的余盛华，北京大学考古文博学院的丁颢，南京大学历史学院的邓雨菲，山西大学历史文化学院的李星仪等。

第二章 考古调查与勘探

田野调查勘探工作自 2019 年 10 月中下旬开始，调查的主要内容可以分为三个方面：一是为厘清起凤山一号墓周边遗迹分布、空间关系、时代序列等情况，对其周边展开了较大范围的调查和勘探工作；二是寻找安平侯国确切区域；三是根据县志记载和当地村民的口述，寻找古安平和古安成县址。调查范围涉及起凤山、王家岭、西坑岭、崎岭、马鞍凹、夹仔岭、严田镇横屋村、竹山下、丁家、城口山、坳口林场、寅陂山、横龙镇石溪村虎形岭、玉石溪等地（彩版八）。

勘探采用目前国内适应性强、效率高、精确度高、携带方便的"洛阳铲"为勘探工具。勘探中严格按照国家文物局制定并颁布的《田野考古工作规程》（2009）的相关要求和规定进行，即放线、布孔、普探、复查、卡边、定位等工作程序。

由于勘探区域内地形起伏较大，有较多山岗地形，因此在部分区域内对勘探方法做出调整，以适应勘探要求。在主要勘探区域内采用 1 米 ×1 米中间另加一孔呈梅花状布孔方法勘探，对有遗迹现象的重点区域采用 0.5 米 ×0.5 米中间另加一孔呈梅花状布孔方法进行复检；地形起伏较大的区域内，在保证安全的情况下根据地形变化适当布孔勘探。测绘工作主要使用 RTK 并结合全站仪进行地形及遗迹的采集数据。

第一节 起凤山周边调查

墓葬所在的起凤山南麓，20 世纪 60 ～ 70 年代由于吉安地区公安处安福劳改队挖石灰矿和 20 世纪 80 年代安福县水泥厂（后改为齐峰水泥厂，2011 年改为江西安福南方水泥有限公司）生产水泥，北面形成了数十米的深坑，周边布满了厚约 5 米以上的矿渣，东、南两侧目前已修建环城公路（彩版九，1），从 1965 年的影像资料可以看出，目前的地形地貌已发生很大变化（彩版九，2）。根据安福县博物馆老同志管永义、何财山回忆，20 世纪 90 年代在起凤山南侧百余米处曾清理过一个灰坑，出土了一些西汉时期的器物，发掘者认为是祭祀坑，可惜当年没有留下任何文字资料，无法确定准确位置。历年周边也清理过一些东汉砖室墓，有明确记载的如 2005 年清理的一座东汉时期的砖室墓[1]，2019 年在修建环城北路过程中，周边堆土中散布着很多东汉时期的花纹砖。因此，调查勘察工作重点围绕这一区域展开，普探面积 10 万平方米，重点勘探面积 3000 平方米。

通过钻探，没有发现墓园及祭祀坑、祠堂、寝室等遗迹，主要成果是除 M1 外，在起凤山周边 5 千米范围内还发现 9 座土坑墓、6 座砖室墓，从 M2 依次编号，这些墓葬主要集中在起凤山及王家岭附近。王家岭位于起凤山东侧约 500 米，泸水河以北，安居小区以西，整体北高南低，

---

[1] 周文安主编：《安福县文化广播电视新闻出版志》，安新出内准字第2016（01）号，2016年，第362页。

地层沟壑交错，比较复杂，植被丰富（彩版一○）。

现将钻探到的位于王家岭小山岗上的四座西汉土坑墓的勘探情况进行简单介绍，这四座墓葬没有进行发掘。

M2　竖穴土坑墓。地理坐标北纬27°23′43.29″，东经114°36′21.04″，海拔103米。因修路取土，M2南部封土部分破坏。墓坑平面形状大致呈长方形，墓向197°，东西长3.9、南北宽3.7米，墓底距目前地表约4米。在墓底东西两边发现有疑似二层台。墓室中部有一盗洞，盗洞附近发现汉代五铢铜钱一枚（彩版一一，1）。

M3　竖穴土坑墓。西南距M2约90米。地理坐标北纬27°23′43.18″，东经114°36′23.66″，海拔101米。墓室上有封土堆。墓葬平面形状呈刀把形，墓向191°，南侧有一墓道，墓道东边与墓室东边相齐平，墓道南北长5、东西宽1.4米，墓室南北长4.5、东西宽3.5米，墓底距地表约3.8米，墓葬总面积20平方米（含墓道）。墓葬内填土为红褐色，土质坚硬，墓底见有黑炭（彩版一一，2）。

M4　竖穴土坑墓。南距M2约25米。地理坐标北纬27°23′43.69″，东经114°36′21.27″，海拔104米。封土呈馒头形。墓葬形制为带一条墓道的"甲"字形墓，墓向242°，墓道较短，位于墓葬南侧，南北长3、东西宽2米，墓室南北长5、东西宽4米，墓底距地表约3.8米，墓葬总面积23.6平方米（含墓道）。墓底钻探出陶器残片和少量黑炭。墓葬内填土为红褐色，经过夯打，土质坚硬。

M5　竖穴土坑墓。东南距M2约100米。地理坐标北纬27°23′43.77″，东经114°36′18.84″，海拔101米。封土呈馒头形，封土堆南北长约15、东西宽约14、高约2.8米。墓葬平面形状呈"甲"字形，墓向193°，墓道呈斜坡状，位于墓葬南侧，南北长5、东西宽0.8米，墓室南北长4.5、东西宽2.5米，墓底距地表约5米。墓底见黑炭。墓葬内填土为红褐色，经过夯打，土质坚硬。墓葬中部发现一个长约1.3、宽约0.8米的盗洞（彩版一二）。

第二节　安平侯国调查

考虑到起凤山一号墓规模较大，墓葬等级较高，与2007年在莲花罗汉山发掘的安成侯墓较为相似，墓主也应是身份等级极高的贵族。在2020年6月30日和11月21日召开的两次安福起凤山汉墓考古发掘专家论证会上，信立祥、焦南峰、张仲立等秦汉考古专家一致认为起凤山一号墓墓主应当是列侯级别。结合西汉时期安福县境内设立有安平侯国的史实，起凤山一号墓墓主或与某代安平侯有极大关联，因此寻找安平侯国城邑的位置便成为调查工作的重点。

安平，古地名，《汉书·地理志》中关于安平的记载有：涿郡，高帝置。莽曰垣翰，属幽州。安平，都尉治，莽曰广望亭。豫章郡，高帝置。莽曰九江，属扬州。安平，侯国，莽曰安宁。辽西郡，秦置，属幽州。新安平，夷水东入塞外。辽东郡，秦置，属幽州。西安平，莽曰北安平。菑川国，故齐，文帝十八年别为国，后并入北海。东安平，菟头山，女水出，东北至临菑入钜定。

通过梳理文献发现，在西汉时期有多个不同地点曾被称为安平，其中设立为安平侯国的有三处，其一是高帝六年（公元前201年）设立的安平侯国，属涿郡，在今河北安平县；其二是元凤六年（公元前75年）设立的安平侯国，属涿郡，在今河南睢县；其三是初元元年（公元前48年）

设立的安平侯国，属豫章郡，在今江西安福县。

由于安平侯国治所的地望史书中并未有详细记载，只能依靠有限的线索进行寻找。据统计，迄今经过考古发掘的西汉列侯墓计20余座，属于16家列侯[1]，而其中大部分都是集中于墓葬主体部分的发掘，对于墓地和侯国城邑的空间关系由于种种原因而知之甚少。从目前的考古成果来看，完整揭示出列侯墓园与列侯城邑空间位置关系的仅有南昌海昏侯刘贺墓园与海昏侯国都（当地今称为"紫金城"）一例。此外长沙马王堆三号墓中出土有一幅帛图，图画中上部（南部）是一座墓地，下部（北部）是一座城邑，关于该帛图所绘内容有学者认为可能是轪侯利仓的墓茔和城邑，更有学者指出"图中所绘山丘应即为马王堆，其上的'甲'字形墓穴即二号墓，城郭是马王堆三座汉墓的墓主生前所居[2]"。尽管马王堆轪侯墓地与轪侯城邑的关系还有待考古材料去验证，但从海昏侯刘贺墓园与海昏侯国都城址、马王堆帛图内容来看列侯墓地与城邑相距不远是可以肯定的。基于此孙华先生认为"在南方多山多水的环境中，列侯的城邑多在近水的低处，墓地则多在据山的高处，这应该是当时居葬关系的普遍现象；西汉的列侯，如果不是陪葬帝陵而是葬于自己封地的话，他们的墓茔应该多在自己封地的城邑附近，并且与封地之间有某种对应的关系"[3]。

起凤山一号墓正位于起凤山南侧的山岗上，海拔97米，其北部为陡峻的起凤山主峰，海拔超过200米，南部为大面积的平原地带，海拔80米左右，起凤山一号墓位置的选择与孙华先生对于列侯墓葬选址的推测相一致，与海昏侯刘贺墓、马王堆轪侯墓的位置也具有一定的相似性。考虑到这点，安平侯国城邑的位置很可能也在距离起凤山一号墓不远的邻近泸水河的低处附近。基于上述考量，安平侯国城邑的调查以起凤山一号墓为中心，沿泸水河两岸开展。由于近年来生产活动影响，起凤山一号墓周边地形地貌发生极大变化，墓葬东部和南部方向已基本被现代建筑覆盖，只能转而向西开展调查。

最终在起凤山西部约1.7千米的横龙镇石溪村虎形岭江布园发现一处红烧土堆积较多的台地（彩版一三）。该台地处于泸水河二级阶梯上，面积超过15000平方米。东部为泸水河及河岸滩，南侧为旱地，西部为连绵的小山脉。台地上种植果树，地表残存有石块垒砌的类似护垣的墙体，惜没有发现遗物，无法判断台地的性质和时代，有待进一步的考古工作来确认。

此外，起凤山一号墓东南方向1千米处，即今安福县城主城区所在的位置（同时也是自晋代以来历代安福老县城位置），此区域地形平坦，且邻近泸水河，交通便利，地理位置优越，极为适宜城邑的建设，因此不排除汉时安平侯国城邑设立在此处的可能性。

令人遗憾的是安平侯国城邑的调查虽然付出了巨大的人力和物力，但最终并没有找到其城邑的具体位置。期望今后再次开展考古工作时能够有巨大收获。

[1] 白云翔：《西汉王侯陵墓考古视野下海昏侯刘贺墓的观察》，《南方文物》2016年第3期。
[2] 董珊：《马王堆三号汉墓出土的〈葬居图〉》，《长沙马王堆简帛集成》，中华书局，2014年。
[3] 孙华：《海昏侯刘贺墓墓园遗迹刍议》，《江西师范大学学报》（哲学社会科学版）2018年第1期。

第三节　安成和安平县址调查

一　安成县址

据《莲花厅志》记载，安福县过去为安平、安成两县，秦王政二十四年（公元前223年）灭楚，明年置安平县属九江，置安成县属长沙。汉高祖五年（公元前202年）定楚，以安平属豫章，安成属如故。新莽改安平曰安宁，安成曰思成，隶九江，东汉初皆复如故。

《太平寰宇记》载："安福县，汉安成县新茨亭，属长沙国。今县六十里有安成故城存，即汉安成侯张普所理也。吴宝鼎二年置安成郡，而县属焉。"按王烈之《安成记》云："县本有两乡，汉县理西乡，即张普所理之地。吴又移于东乡置郡，县亦移焉。至晋武改为安复城。"《晋书》云："元康元年，朱居为安成太守，筑郡城。郭内有双阙，高数丈，后殷仲堪为安成太守，即此。"又按《安成记》云："宋明帝封皇太子准，齐高帝封皇太子嵩，梁武帝封皇弟秀，陈文帝封皇弟项，俱为安成王，皆此城也。隋平陈，废郡为县。唐武德五年又置颖州，七年州废，以县来属。"清乾隆四十七年版《安福县志》关于安成故城的条目引用了《太平寰宇记》的记载。而《读史方舆纪要》卷八十七中关于安成故城的记载则是：安成故城县西五十里。汉县，属长沙国。《安成旧记》："张普封安成侯，国于此，筑城居之。相传汉县理西乡，即普侯国也。吴于东乡置郡，县亦移焉。晋太康元年，更名安复。刘宋仍属安成郡，齐、梁因之。隋平陈，省安复入平都，旋改平都曰安成，又为安复，仍旧名也。"

另据《汉书·王子侯表》记载，在元光六年（公元前129年）至五凤二年（公元前56年）期间设立安成侯国，2007年在莲花罗汉山发现有安成侯墓，当时的侯国城邑应该在今莲花县城安成侯墓附近。

根据上述文献记载可知，安成自秦王政二十五年（公元前222年）始建县，这时的县治所在地没有记载。西汉高祖五年（公元前202年）平定楚地，安成仍属长沙郡，县治未知。西汉刘氏安成侯国被废后恢复成安成县，直至王莽时期张普所建的安成故城地望才有比较准确的记载，《水经注》中也有"庐水西出长沙安成县"的记载。从以上记载可以看出，《太平寰宇记》《读史方舆纪要》等文献对安成故城的记载基本相同，都认为安成侯张普所建的安成故城在安福县城以西的新茨一带。《太平寰宇记》载："新茨山，王烈之《安成记》云：'豫章太守贾萌与安成侯张普征战于新茨之野。今县侧有新茨亭。'"现如今新茨亭已消失不存，目前在县西20千米严田镇横屋村一带仍留有新茨地名。《茨溪刘氏族谱》载："安成治新（茨），邑废为市、市废为村，曰汤村。"以上史料将安成故城的地望集中在今安福县城以西的严田镇竹山下、芦背、牛方丘、袁家、丁家、坳上、上岭村一带。

为了求证其真实性，我们对这一带进行了调查和勘探。新茨位于罗霄山脉东侧两山之间的狭长平原地带，南北两侧均为高山，是莲花通往安福的重要道路。

安成故城的调查以严田镇为中心，在袁家村找到有护池寺墙垣遗址，并在其南向和东向地表0.6米下发现有大量炭灰、红烧土堆积和疑似夯土堆积；在横屋村南部的旱土田下距地表0.4米处，勘探出大量瓦砾堆积；在竹山下通往严田方向有一条较明显的高台路基，路基南部同样勘探出瓦砾堆积，同时在香干厂附近发现了汉墓。横屋村南部目前还保留有城口、墙陂等地名。但这些地方所探查出的红烧土及瓦砾堆积具体年代暂无法断定，有待进一步调查勘探。另据村中老人讲述，在竹山下、芦背、牛方丘等一带附近曾发现有疑似城墙砖及墓砖，但调查时并未发现上述遗物。

二 安平县址

根据《安福县志》的记载安平在秦王政二十五年（公元前222年）建县，隶属九江郡。汉高帝平定楚地后安平属豫章郡，新莽时改安平为安宁，汉和帝改安平为平都。《汉书·地理志》有载："豫章郡，县十八：南昌、庐陵、彭泽……南壄、安平。"因此，安福（安平）也被称为江西十八古县之一。

有关安平县址地望较早的记录有《太平寰宇记》，其载："废平都县，在县南一百步。"按《舆地志》："前汉为安平县，属豫章。王莽改曰安宁。和帝更名平都，以属庐陵郡。吴属安成。今故县在。"《太平寰宇记》："王水，在县东南百里。《舆地志》云，挚村没于龙陂，即其水也。平都县，汉时在此水口，以地险徙之，旧城犹存。"

清康熙版《安福县志》记载："安平县治，在王江口县东……"乾隆四十七年版《安福县志》引用《太平寰宇记》的说法，但又有些许不同："废平都县，在县南一百里。汉为安平县，属豫章。王莽改曰安宁。和帝更名平都，以属庐陵郡。吴属安成。今故县犹在。"乾隆版《安福县志》："王江水，治东一名洋口，有陂曰龙陂，四乡会水处。"

《太平寰宇记》和各版《安福县志》关于平都县治地望的记载基本相同，都在王水口或称王江口。因此，平都（安平）在王水口的记载应是可信的。不同的是《太平寰宇记》记载平都县在县南一百步，《安福县志》为一百里，相差甚远。清光绪元年版《吉安府志》记载："平都故城初在王水口，后徙今县城南一百步"，"安平县城在县东南王水口，汉时以地险徙之"。通过对上述文献梳理，平都县治最早应在王水或王江水，即今天洋口一带，后来因水患而迁城，来到了今县城附近。由此推测，秦王政二十五年（公元前222年）设置的安平县，其县治建在今泸水河下游的竹江乡洋口、城田、李家、矮屋（辛里）村一带。

为确定安平县址（平都）地望，在查找大量文献资料和动员村民反馈情况的基础上，就此开展了两方面工作。一是对原有"安平县址"推测地进行复核工作，在出土"古平都"石刻的谢家村东疑似瓮城的地段进行布探勘查，未见夯土痕迹，另试掘一段"墙垣"，也未发现文化层堆积，基本排除了谢家村附近存在安平城址的可能。另一方面在竹江乡城田村开展了较为广泛的调查工作，发现有古桥遗址和疑似护城河遗迹。在此周边分布有"城田""官头""南楼""侯门"等小地名，在田间水塘岸边采集有较多汉晋时期陶片，但并未发现疑似城垣或夯土建筑类遗迹。

在对疑似古城遗迹、遗物发现地进行实地踏查和小面积试掘后，我们尚未发现安成县址和安平县址。

第三章　一号墓（M1）

　　起凤山一号墓位于安福县城西北角约 1 千米的平都镇枫林村彭家起凤山南侧的小山岗上，地理坐标北纬 27°39′，东经 114°06′，海拔 97 米。在 20 世纪八九十年代，附近建有水泥厂，北、西两面为矿区，墓葬封土遭到破坏。北依起凤山，东靠起凤山路，南距泸水河约 460 米（图四）。

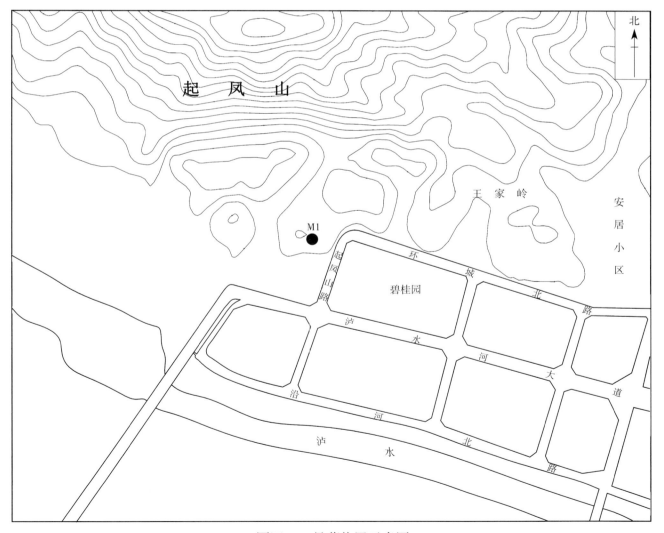

图四　一号墓位置示意图

第一节　墓葬形制

该墓为土坑竖穴木椁墓，平面呈"甲"字形，墓向189°。墓葬残长16.5、宽7.1、残深2.4米。带向南的阶梯式墓道，由封土、墓道、墓坑和椁室四部分组成（图五）。因连续开矿及修路取土，墓葬封土在发掘前已基本不存，只在墓葬西南角残留少许，无法得知原始封土高度。墓葬开口位置已无存，现存墓口至墓底最深处为2.4米。南部破坏最为严重，挖机已将前室的椁底板挖出。前室西侧发现一直径约2米的近圆形盗洞，盗洞绝大部分被挖机破坏，盗洞内填土为浅黄色细腻砂土，出土一件隋唐时期的青瓷碗，说明该墓至迟隋唐时期就已遭盗掘，且盗掘者并未将盗洞回填，洞内填土为长年累月冲刷所致（彩版一四）。

由于当时椁室结构保存比较完整，盗贼可以在椁室内自由走动，随葬品基本被洗劫一空。

一　墓道

墓道位于墓坑南侧中部，平面为梯形，呈斜坡状，带有阶梯。上部遭破坏，长度不明。现存墓道最南端较窄，近墓室处较宽。残长4.4、北部宽3.6、南部宽2.1、深0～1.3米。南端墓道壁上斜下直，北端直壁。底部为斜坡台阶状，残留两级台阶，南侧台阶斜长1.4、北侧台阶斜长3米，台阶高度0.2米。现存墓道南端低于地表约0.5米，北端底部高出墓室底部0.22米（彩版一五，1）。在西壁转角、高距墓道底部0.8米处有一长0.45、宽0.45米的近长方形台面，台面残留有炭屑，用途不明（彩版一五，2）。

考虑到后期通过剖面展示填土堆积，墓道的东半部分未作发掘，故墓道东壁转角处有无近长方形台面尚不可知。墓道填土可分为13层，朝墓室方向倾斜（彩版一六）。

①层为扰乱层，厚0～0.16米，土呈黄色，土质疏松，由南向北轻微倾斜，包含物见有炭粒、红色漆皮、椁木碎屑等，该层为公路建设单位施工过程中挖掘机作业之后的回填土。

②层，厚0.06～0.22米，黄褐色土，土质较致密，由南向北倾斜，纯净无包含物。

③层，木炭层，厚0.03～0.09米，土质疏松，由南向北倾斜。

④层，厚0.05～0.68米，黄色土，略泛红，土质致密，上部由南向北倾斜，下部陡直，纯净无包含物。

⑤层，青白色膏泥层，厚0.12～0.22米，土质致密，黏性较强，上部由南向北倾斜，下部陡直，纯净无包含物。

⑥层，厚0～0.52米，黄色土，略泛红，土质致密，由南向北倾斜，上厚下薄，纯净无包含物。

⑦层，厚0.05～0.49米，黑黄色土，多为木炭灰烬夹杂少量黄土，较松软，上部由南向北倾斜，下部陡直，上厚下薄，出土少量细方格纹硬陶片，可辨器形者有罐。

⑧层，青白色膏泥层，厚0～0.08米，土质致密，黏性较强，由南向北轻微倾斜，纯净无包含物。

⑨层，厚0.09～0.14米，黄褐色土，土质致密，由南向北轻微倾斜，纯净无包含物。

⑩层，厚0～0.14米，红色土，土质致密，由南向北倾斜，夹杂有少量小石子。

⑪层，青白色膏泥层，厚0.08～0.16米，土质致密，黏性较强，由南向北倾斜，纯净无包含物。

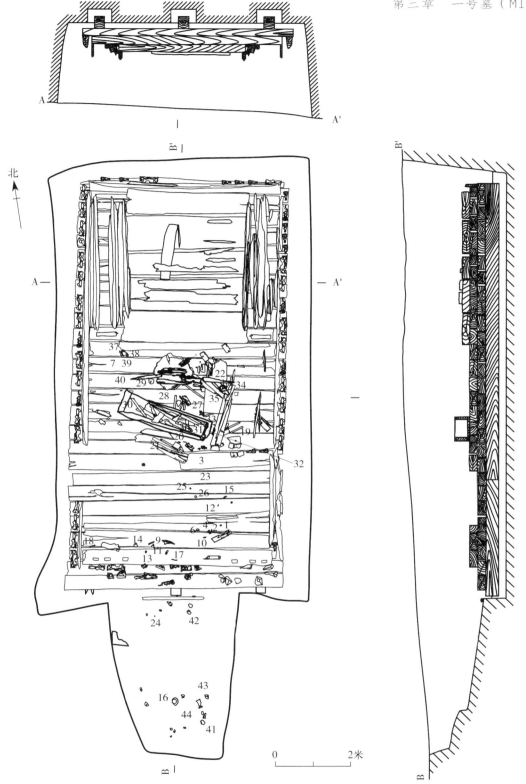

图五　一号墓平、剖面图及随葬品分布图

1.锡车軎　2.锡马衔　3.琉璃耳珰　4.漆耳杯（耳）　5.锡圆牌饰（填土）　6.漆耳杯（腹）　7.铜键（销轴）　8.漆盘（压于棺下）　9.锡马镳　10.耳杯（耳）　11.锡马衔　12.锡盖弓帽　13.锡马衔　14.锡马镳　15.漆耳杯（耳）　16.陶罐　17.锡马镳　18.锡马镳　19.木构件　20.锡马衔　21.木构件　22.铜镜　23.漆耳杯（耳）　24.锡衡末轭首　25.漆耳杯（腹）　26.漆耳杯（腹）　27.漆盘　28.铜鍪　29.铜鍪　30.漆箱板　31.漆箱板　32.漆箱板　33.漆箱板　34.漆案足　35.漆案足　36.木构件　37.漆耳杯（耳）　38.漆耳杯（耳）　39.铜钩心　40.铁剑　41.陶罐　42～44.陶器口沿

⑫层，厚 0 ～ 0.19 米，黄褐色土，土质致密，夹杂有木炭颗粒，由南向北轻微倾斜。

⑬层，厚 0 ～ 0.32 米，红色泛黄，土质致密，由南向北倾斜。

不同于墓室填土，墓道填土未见夯打痕迹。底部出土有方格纹硬陶罐口沿、底部及腹部，均为碎片，主要集中在墓道口及近墓室处，推测是有意打碎；并在墓道与墓室连接处置有直径约 8 厘米的圆形木棍。这些可能都跟葬俗有关。另外，在近墓道北部接近墓室处出土一圆形铜帽，推测为衡末轭首。

二　墓坑

平面呈长方形，南北长 12.1、东西宽 7.1 米。墓葬开口已被破坏，现存墓坑最深处为 2.4 米。根据该墓西南约 200 米另一个已发掘的规格略小的 M17 记录推测，M1 墓坑深度至少有 6 米，甚至更深。墓坑西壁和北壁凹凸不平，墓壁略向下倾斜，坍塌痕迹较为明显。在墓底有三条南北向横截面为长方形的浅槽，从墓坑北壁直抵墓口，为安放椁室地枕之用。北部填土保存较好，层次清晰。椁顶已坍塌，椁顶板之上的填土由周边往中部倾斜，厚薄不一。椁顶板上为木炭层，厚 6 ～ 25 厘米，剖面呈锅底形。木炭层之上为纯净的黄褐色土，夯筑痕迹明显，可分为 18 层，厚 4.5 ～ 22.5 厘米（图六），层面上留有清晰可见的直径 4 ～ 6 厘米的夯窝（彩版一七）。南部由于被挖机破坏，填土为进行临时性保护的回填土，黄褐色土中夹杂大量木炭屑、椁木板及一些红色漆皮。在东南角留有一层未被扰乱的厚约 20 厘米的白膏泥，不见木炭层，膏泥层中清理出一块长方形漆皮，推测该层为墓葬被盗扰后日渐堆积的淤泥层。

三　椁室

椁顶已坍塌腐朽，南部又遭挖机破坏，但椁底板仍保存较为完整，特别是北部保存较好，且较完整保存了椁壁下部。从残存部分来看，椁室由木枋和木板构成内、外两重，木材树种经检测有槠树和水杉（彩版一八）。

1. 外椁

外椁长 10.8、宽 5.37 米，椁顶不存，椁顶结构不明。在坑底顺墓坑方向挖三条南北向横截面为方形的沟槽，槽间距 2.45 ～ 2.55 米，长 11.5、宽 0.7 ～ 0.8、深 0.4 ～ 0.45 米。在沟槽内铺七层垫土，自下而上，木炭和黄褐色土交替铺垫，每层约 4 厘米。最底部及最上部均为木炭。最上层木炭之上安置地枕（枕木）。由于单根地枕长度不够，所以用一长一短的两根木枋榫接而成，较长的一根 8.2、较短的一根 3.1 米。朝上的一面经刨削加工，表面平滑（彩版一九）。地枕与沟槽之间的间隙填充木炭。地枕高出坑底地面约 15 厘米。

地枕安置完成后，在整个坑底铺垫一层碎炭，炭层与地枕上端同一水平。以三根地枕为承托，地枕之上依次用 27 根木枋东西向铺就第一层椁底板，木枋截面为长方形，宽窄不一，长 5.74 ～ 6.05、宽 0.30 ～ 0.53、厚 0.17 ～ 0.21 米。枋头与东、西坑壁之间有宽 0.65 ～ 0.75 米的间距，北侧枋缘与北坑壁之间有宽约 0.15 ～ 0.35 米的间距，南侧枋缘与南坑壁之间有 0.1 ～ 0.15 米的间距（彩版二〇）。四周边缘用一圈宽 0.31 ～ 0.52、厚 0.17 ～ 0.21 米的立木作为椁室的支撑，立木直接

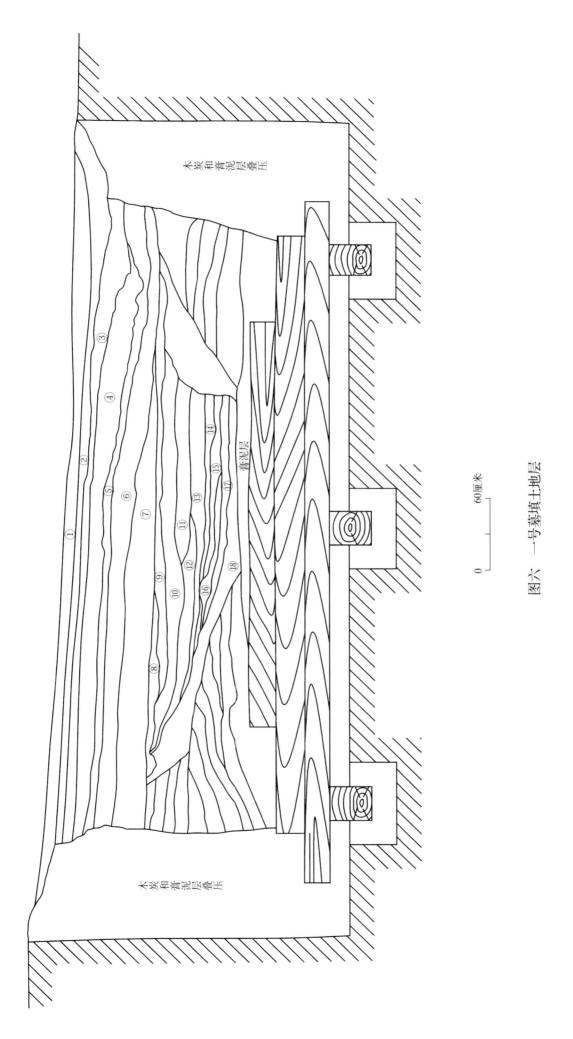

木炭和青泥层叠压

木炭和青泥层叠压

①②③④⑤⑥⑦⑧⑨⑩⑪⑫⑬⑭⑮⑯⑰⑱

青泥层

0　　　　60厘米

图六　一号墓填土地层

立于椁底板之上，未见榫卯结构。由于上部已腐朽，原高度不详，残高 0.5 米。立木与坑壁之间的间隙用厚 5 ～ 8 厘米的木炭与厚 7 ～ 15 厘米的白膏泥自下而上交替填充，残存 26 层（彩版二一，1）。炭层以碎炭为主，仅在靠近墓边处有明显长段木炭纤维痕迹，白膏泥层黏性较大，部分夹有料姜石与石英碎块，墓壁上常挂有多层炭与胶泥，剥去后见红褐色生土。立木内侧，东、北、西三面用横向木板自下而上遮封至椁顶，因上部坍塌腐朽，部分地段残存最底层木板，木板残长 6.85、宽 0.34、厚 0.10 ～ 0.15 米（彩版二一，2）。因木板长而薄，又没发现铁钉，推测木板与木板之间、两端木板与立木之间应该有榫卯结构固定才能垒至椁顶。南面则用立木替代木板，形成双层木枋（彩版二二）。

整个外椁形成封闭的长方形空间后，在第一层椁底板之上铺垫第二层椁底板，共由 24 根木枋组成，木枋截面与第一层木枋类同，长度略短，规格为长 5.05 ～ 5.22、宽 0.31 ～ 0.52、厚 0.17 ～ 0.21 米（彩版二三）。自南而北，第 4 ～ 6 根被挖机全部破坏，第 7 ～ 9 根西部部分破坏，余皆完整。第一根的东西两侧各有三个长方形榫眼，规格约为 8.5 厘米 ×14.5 厘米。第 11 根东西两侧各有一个近方形榫眼，规格为 9 厘米 ×9 厘米（彩版二四）。在第 7、8 根西侧有东西向 3 根南北向 2 根腐朽枋木构成的直角空间，第 15 根之上东、西两侧各有一根东西向短枋木，推测东西两侧有分隔的外藏椁。根据残存现状，东、西两侧各有 3 个藏椁，榫眼为固定藏椁挡板之用，枋木起分隔作用。

2. 内椁

位于椁室北部，平面呈长方形，长 4.06、宽 3.25 米。在第二层椁底板 15 ～ 24 根之上用长 3.3 ～ 3.45、宽 0.72 ～ 0.97、厚约 0.2 米的木枋铺垫第三层椁底板，也是内椁的底板（彩版二五，1）。东西两侧用木板和外椁北端挡板形成东、北、西三面闭合向南敞开的空间作为内椁，使整个外椁自然形成前、后两室，后室即为内椁，后室高出前室约 0.2 米。内椁底板上残存有三块坍塌腐朽的东西向内椁顶板，长 2.22 ～ 2.44、宽 0.15 ～ 0.29、厚 0.08 ～ 0.12 米（彩版二五，2）。从长度推测，内椁顶部低于外椁顶部，为独立构筑。内椁底板上布满疑似纺织品的残片（彩版二六），从肉眼观察来看其形状较为均匀，见有多层织物呈重叠状层层叠压，其中夹杂有红色漆皮（详见附录七相关检测报告）。内椁东西两侧壁板已倒塌，北侧直通外椁内侧挡板。

四　棺木

位于前室偏后，西北—东南方向斜置，盖板不存（彩版二七）。平面呈梯形，宽的一侧朝东南方向，应为头向，长 2.52、宽 0.60 ～ 0.65、残高 0.40 米。外髹朱漆，内髹棕色漆，不见花纹。由于整个墓葬早年被盗，棺内仅见有数块散乱放置的彩绘漆板及木器残件，不见有其他随葬品，人体骨骼无存，性别、葬式等不详（彩版二八）。结合墓葬形制和现有汉代墓葬的考古资料推测，棺木应呈南北向置于内椁中部，即后室第三层椁板上。因该墓被盗扰，且在棺木下出土一件漆盘的残片，推测棺木的位置和方向应是盗墓者随意挪动所致。棺外四周散落有铜器、锡器、漆木器残片、木构件、五铢钱及大量金箔残片。

第二节　随葬器物

此墓早年盗扰严重，墓室已经坍塌，前室在公路施工过程中被严重破坏，剩余的随葬品较少，可辨器物有 40 余件，多数已经变形残碎，有陶器、铜器、锡器、漆木器、金器、琉璃器等。漆木器数量最多，大多残碎，未见完整器，散布在墓室各处。其次为锡器，陶器数量较少。另外，在盗洞中发现 1 件隋唐时期的青瓷碗。

一　铜器

5 件。有弩机构件、铜镜、錾等。

键（销轴）　1 件。

M1∶7，残。固定弩机悬刀、望山、钩心与机身的构件。平面近方形，两端凸出，上端呈"T"字形。长 1.6、宽 1.6 厘米（图七，1；彩版二九，1）。

钩心　1 件。

M1∶39，残。触发弩机运作的构件。手指扳动"悬刀"，"悬刀"释放"钩心"，"钩心"

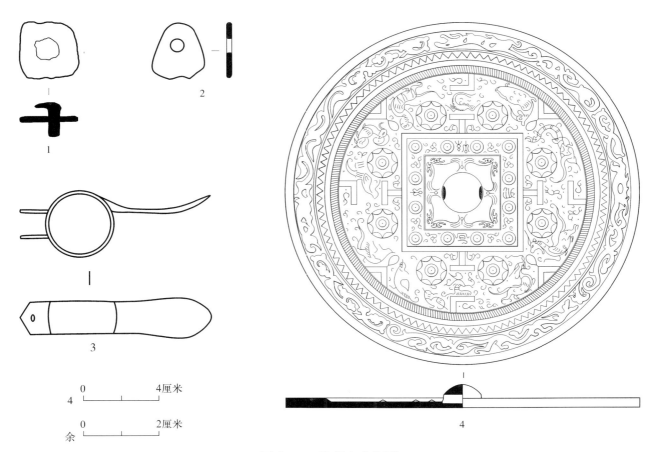

图七　一号墓出土铜器

1.键（销轴）（弩机构件）（M1∶7）　2.钩心（弩机构件）（M1∶39）　3.錾（M1∶29）　4.镜（M1∶22）

释放"牙"，"牙"退下释放"弓弦"，"弓弦"把"箭"射出。长 1.6、宽 1.5、厚 0.15、孔径 0.4 厘米（图七，2；彩版二九，2）。

錾　2 件。指环形，形制相同。应该为漆樽或卮的把手。圆环一端有微上翘的錾形柄，另一侧有两个圭形榫头，榫头上各有一小圆孔。

M1：29，略残。长 5 厘米，圆环直径 1.8 厘米（图七，3；彩版二九，3）。

M1：28，残，仅残存半个圆环，与 M1：29 形制大小相同，在与器身连接处残留有漆皮（彩版二九，4）。

铜镜　1 件。

M1：22，出土时破碎，修复。四神博局镜，圆形、圆钮、四叶纹钮座。座外方框内环列十二乳及卷云纹，每边中间各有一字，组成"长宜子孙"。各边中心点外有"T"形纹，两侧衬卷云纹，两边各一连弧纹乳丁，"T"形与"L"形纹对置，方格四角与"V"形纹对置。方框及"T""L""V"形纹将内区分为四方八极，分别配置青龙、白虎、朱雀各配一禽鸟，玄武配独角兽。各方空间还填以小禽。其外短斜线与锯齿纹各一圈，变形龙纹缘。直径 18.9 厘米（图七，4；彩版三〇）。

除此之外，起凤山一号墓还出土有铜钱数枚。因墓葬保存环境较差，均已酥化，有的隐约可见"五铢"二字（彩版三一）。

二　锡器

12 件。有 11 件车马器和 1 件圆牌饰。车马器包括马镳、马衔、车軎、盖弓帽、衡末轭首等。根据器物大小判断，该墓车马器应为真车马等比例缩小制成，称为偶车。其中圆牌饰在被扰乱的填土中发现，车马器除一件马衔（M1：20）出土位置在棺外南侧，余皆在前室靠近墓道口处。

马镳　4 件。形制一致，大小基本相同。略作"S"形，两端呈薄片状，反向弧曲，末端较为规整，中部有两穿孔。

M1：9，完整。长 15.2、宽 0.6 ～ 1.4 厘米（图八，1；彩版三二，1）。

M1：18，残。长 15、宽 0.6 ～ 1.7 厘米（图八，2）。

M1：14，残。残长 6、宽 1.4 厘米。

M1：17，残，长 14.5、宽 0.6 ～ 1.5 厘米。

马衔　4 件。形制一致，大小基本相同。由三节组成，节与节之间有圆环相扣，圆环大小相近，第二节中部有一圈凸棱（彩版三二，2）。

M1：20，完整。通长 12 厘米（图八，3）。

M1：13，完整。通长 12 厘米（图八，4）。

M1：11，完整。通长 12 厘米（图八，5）。

M1：2，残，仅剩一节，其中一头残存半圆。残长 4.4 厘米（图八，6）。

车軎　1 件。

M1：1，完整。整体呈喇叭形，内端稍粗，圆口，中空，近口处有对称圆形辖孔，外端稍细，端首和器身中部饰有一圈凸弦纹。通长 3.6、底径 2.9、顶径 1.6 厘米（图八，7；彩版三三，1）。

衡末轭首　1 件。

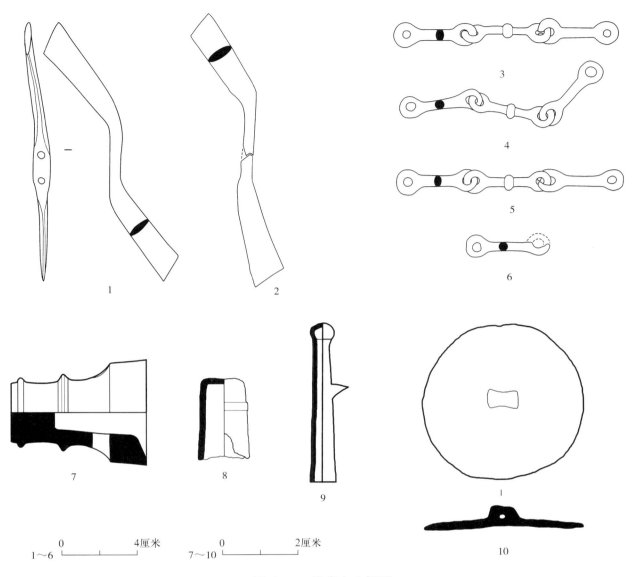

图八 一号墓出土锡器

1、2.马镳（M1：9、M1：18） 3~6.马衔（M1：20、M1：13、M1：11、M1：2） 7.车軎（M1：1） 8.衡末轭首
（M1：24） 9.盖弓帽（M1：12） 10.圆牌饰（M1：5）

　　M1：24，残。管状，平顶，一端开口，中部有一圈凸弦纹，内里残留有朽木痕迹。残长 2.2、
孔径 1.4 厘米（图八，8；彩版三三，2）。

　　盖弓帽　1件。

　　M1：12，完整。柱状，一端中空，一端封闭呈圆帽状，器身有倒钩。长 4.4、下端径 0.7 厘米（图
八，9；彩版三三，3）。

　　圆牌饰　1件。

　　M1：5，完整。平面呈圆形，体扁而薄，中间稍厚，边缘薄似刃，一面中间有孔。直径 4.3、
厚 0.2 厘米（图八，10；彩版三三，4）。

三　漆木器

　　墓葬被盗扰严重，且椁室塌陷，已无完整漆木器。但从出土的漆木器残件上仍可以看出原器物做工精细，纹饰精美，不少漆器上有贴金和鎏金工艺，显示出西汉时期高超的漆器制作水平。可辨器形有耳杯、漆盘等。漆器胎质可分为木胎和夹纻胎两大类，纹饰有凤鸟纹、云虡纹等，其中有三块漆器残片上有铭文，分漆书和锥刻两种，共18字。

　　漆盘　2件。破碎严重，仅见部分口沿和底部。

　　M1：8，修复。平底，器底及内壁髹黑漆，外壁髹朱漆，器物外部靠近口沿处饰一周如意云纹，内部靠近口沿处饰一周云纹，器内底饰一圈弦纹，弦纹内饰三条变形龙纹，构成旋涡状，口沿下有朱书"东宫"2字。口径24、底径11.7、高3.5厘米（图九，1；彩版三四）。

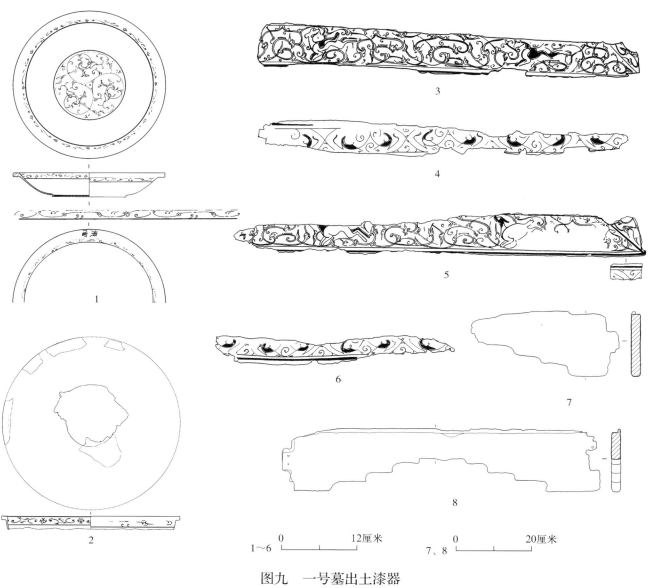

图九　一号墓出土漆器

1、2.漆盘（M1：8、M1：27）　3~6.漆箱板（M1：30、M1：31、M1：32、M1：33）　7.漆案足（M1：35、M1：34）

M1：27，残。口沿处髹黑漆为底，饰朱彩卷云纹。口径 28、底径 7.7 厘米（图九，2；彩版三五）。

漆箱板　4 件，残。均在棺内出土，木胎，长条形，髹黑漆朱彩。

M1：30，上下饰弦纹，中间饰云虡纹，左右各饰一神兽，均为四蹄腾空，作奔跑状。其中右侧神兽目视前方，左侧作回首观望状。残长 60、宽 6.4 厘米（图九，3；彩版三六）。

M1：31，上下饰弦纹，中间填以凤鸟纹和勾连卷云纹，在左起第二只凤鸟上方残留有金箔。残长 58.2、宽 5.2 厘米（图九，4；彩版三七）。

M1：32，一端残存箱体一角。上下饰弦纹，中间饰云虡纹，绘有两只作奔跑状的神兽。残长 64.8、宽 7 厘米（图九，5；彩版三八，1）。

M1：33，饰凤鸟和勾连卷云纹。残长 37.6、宽 4 厘米（图九，6；彩版三八，2）。

漆案足　2 件。木胎，形制相同。

M1：35，一端残，一端有榫头。上沿平，下沿呈锯齿状。内侧素面，外侧髹棕漆。残长 38.8、宽 17.6、厚 2.6 厘米（图九，7；彩版三九，1）。

M1：34，基本完整。平面呈曲尺形，上沿平，下沿呈锯齿状。内侧素面，外侧髹棕漆。一端有榫头，一端有卯眼。长 83、宽 16.8、厚 2.6 厘米（图九，8；彩版三九，2）。

耳杯　出土时器身均已朽烂，大多剩下残片和耳部（彩版四○），经过整理统计分属于 9 个个体。出土残片均为耳杯腹部，可见器身为木胎，器内壁髹红漆，器外为黑底朱彩，沿外及耳下饰勾连卷云纹，器腹绘凤鸟纹。其中两片残片上有锥刻铭文。

M1：25，耳杯腹部残片。两条朱绘弦纹之间锥刻有"素工增喜髹工诏子釦工安"11 字（图一○，1；彩版四一，1）。

M1：26，耳杯腹部残片。两条朱绘弦纹之间锥刻有"涓工沿造"4 字（图一○，2；彩版四一，2）。

M1：6，耳杯腹部残片。与 M1：25、M1：26 相比，勾连卷云纹和凤鸟纹更加浑圆、具体两条朱绘弦纹之间锥刻有铭文，因残损严重，仅可见"王"字样（图一○，3；彩版四二，1）。

耳杯耳部有大小两种，均铜釦涂金。

M1：23，一对耳杯耳部，形体较小。长 7.6 厘米（图一○，4；彩版四二，2）。

M1：15、M1：37、M1：38，耳杯耳部，形体较大，长 10～10.5 厘米（图一○，5～7；彩版四三）。另根据出土耳杯的残件特征，修复了两件（图一○，8；彩版四四）。

木构件　3 件。这三件木构件，从出土位置、结构与形状看，可能出自同一件器物。用途尚不明。

M1：19，出土于棺外东侧，表面部分腐朽。构件由一整木挖凿而成。上部由两个边长 16、厚 4 厘米近方体构成直角面，平面形状呈"┏"形。两侧为长 60 厘米的木支撑，支撑上部截面为方形，边长约 4 厘米，长 30.4 厘米，高出直角面上沿 5.5 厘米，侧面有长约 20、宽约 2.4、深约 2 厘米的凹槽；中部为圆形，直径 3.4、长 23 厘米；下部为 6.6 厘米的长方形榫头。上残留有三角形标记（图一一，1；彩版四五）。

M1：21，出土于棺外南侧，表面部分腐朽。构件由一整木挖凿而成。上部为边长 16 厘米 × 13 厘米、厚 4 厘米的长方体，一侧为长 59.2 厘米的木支撑，支撑上部截面为方形，边长约 4 厘米，长 32 厘米，高出长方体上沿 5 厘米，侧面有长约 16.6、宽约 2.4、深约 2 厘米的凹槽；中部为圆形，直径 3.4、长 21.8 厘米；下部为 5.4 厘米的长方形榫头（图一一，2；彩版四六）。

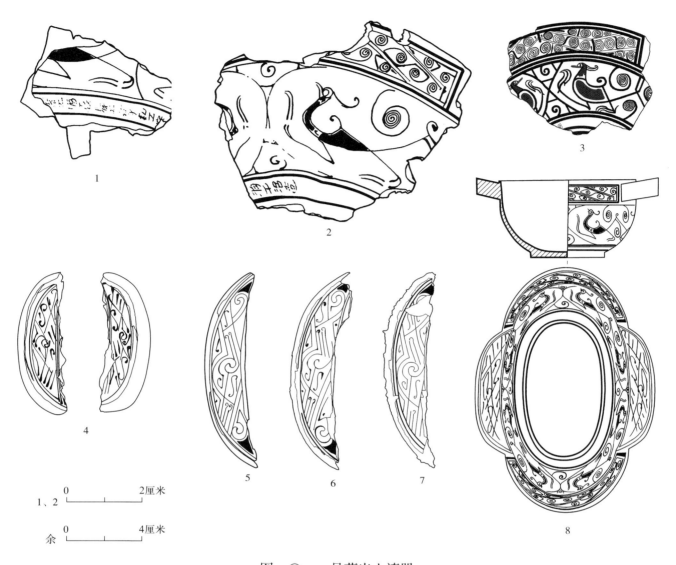

图一〇　一号墓出土漆器

1~3.耳杯腹部（M1：25、M1：26、M1：6）　4~7.耳杯耳部（M1：23、M1：15、M1：37、M1：38）　8.耳杯（M1：4）

　　M1：36，出土于棺内，表面部分腐朽。制作方法与形制与M1：21完全相同（图一一，3；彩版四七）。

四　陶器

　　该墓未出土完整陶器，均为碎陶片，可辨器形均为罐，修复2件，余皆口沿、底部和腹片，应该至少还有3个个体，但无法拼接修复。质地有夹砂灰陶、夹砂红陶、泥质灰陶、硬陶，纹饰有方格纹和弦纹。这些陶片集中出土于墓道底部，少量分布在棺附近。从墓道底部出土的状况看，推测为有意打碎，可能跟葬俗有关（彩版四八）。

　　罐　5件。

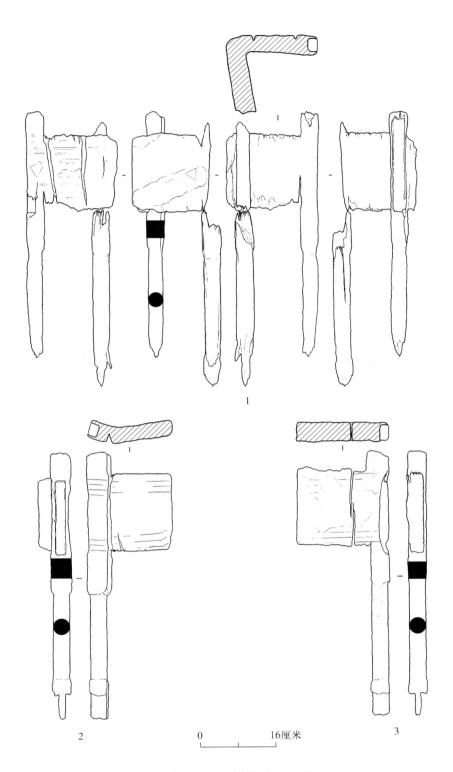

图一一 一号墓出土木器

1～3.木构件（M1：19、M1：21、M1：36）

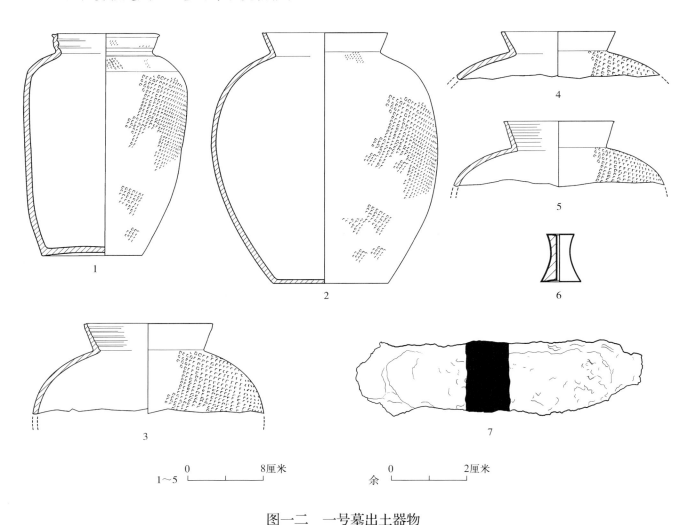

图一二　一号墓出土器物

1～5.陶罐（M1：16、M1：41、M1：42、M1：43、M1：44）　6.琉璃耳珰（M1：3）　7.铁剑（M1：40）

M1：16，修复。泥质红陶，侈口，方唇，束颈，溜肩，斜弧腹，平底微凹。口沿内部有一圈凸棱，肩部有一圈凹弦纹，器身饰方格纹。口径11.6、底径10.8、最大腹径17.6、高24.8厘米（图一二，1；彩版四九，1）。

M1：41，修复。泥质灰硬陶，侈口，束颈，溜肩，圆弧腹，平底。器身饰方格纹。口径13.6、底径12.4、最大腹径24.5、高28厘米（图一二，2；彩版四九，2）。

M1：42，残口沿。泥质灰硬陶，侈口，束颈，溜肩。器身饰方格纹。口径14、残高10.2厘米（图一二，3；彩版四九，3）。

M1：43，残口沿。泥质灰硬陶，侈口，束颈，溜肩。器身饰方格纹。口径12.4、残高4.9厘米（图一二，4；彩版四九，4）。

M1：44，残口沿。泥质灰硬陶，侈口，束颈，溜肩。器身饰方格纹。口径12、残高7.2厘米（图一二，5；彩版四九，5）。

五　琉璃器

耳珰　1件。在浮选填土时发现，具体出土位置已不得而知。

M1：3，完整。深蓝色，束腰柱形，两端大小不一，上下端微内凹，中间穿孔。上径 0.75、下径 1.1、孔径 0.15、高 1.3 厘米（图一二，6；彩版五〇，1）。

六　铁器

铁剑　1件。

M1：40，残。呈长条形，表面锈蚀严重。残长 7.6、宽 2.1、厚 1.1 厘米（图一二，7）。

七　其他

在棺内出土的一块漆箱板（M1：31，见彩版三七）上可见到按图案进行贴金的工艺。其他金箔散落在棺木附近，均为碎片，部分贴附在漆皮上，仍可见金箔的形状，推测这些金箔应该都是漆器上的贴金（彩版五〇，2）。

在盗洞中还出土一件青瓷碗（彩版五〇，3）。

第三节　墓葬年代和墓主人身份

一　年代

从墓室结构来看，该墓为"甲"字形竖穴土坑木椁墓，阶梯式墓道，近墓室处墓道底比墓室底高 0.22 米，外椁与坑壁之间用木炭和膏泥交替填塞，墓室底部铺垫木炭并使用地栿支撑椁室，这些结构特征与永州鹞子岭二号西汉墓[1]、长沙识字岭西汉墓（M3）[2]、南昌老福山西汉木椁墓[3]、莲花罗汉山西汉安成侯墓[4]以及扬州"姜莫书"木椁墓[5]相似。长沙地区的西汉墓墓道与墓坑底部之间的高差具有年代指示意义，年代越往后高差逐渐缩小[6]，从一些已发表的考古报告看，湖南、广东、江西等南方地区的西汉墓都有这种特点。汉时，安福处于长沙国和豫章郡的交界地带，是长沙国封地，自然受到长沙国影响。起凤山一号墓墓道底部已接近墓室底部，高差仅 0.22 米，说明该墓年代上限不会早于西汉中期。

[1]　湖南省文物考古研究所、永州市芝山区文物管理所：《湖南永州市鹞子岭二号西汉墓》，《考古》2001年第4期。

[2]　长沙市文物考古研究所：《湖南长沙识字岭西汉墓（M3）发掘简报》，《文物》2015年第10期。

[3]　江西省文物管理委员会：《江西南昌老福山西汉木椁墓》，《考古》1965年第6期。

[4]　江西省文物考古研究院、萍乡市莲花县文物办：《江西莲花罗汉山西汉安成侯墓》，上海古籍出版社，2017年。

[5]　扬州市博物馆：《扬州西汉"姜莫书"木椁墓》，《文物》1980年第12期。

[6]　宋少华：《西汉长沙国（临湘）中小型墓葬分期概论》，《考古耕耘录——湖南中青年考古学者论文选集》，岳麓书社，1999 年；中国社会科学院考古研究所：《新中国考古的发现与研究》，文物出版社，1984年。

从随葬器物看，出土的漆耳杯，器内壁髹红漆，器外为黑底朱彩，耳部为铜釦鎏金及沿下饰勾连卷云纹，外腹绘凤鸟纹，与永州鹞子岭二号西汉墓所出漆耳杯极为相似；根据相关研究，西汉早期在漆器上用打"烙印"和刻写来表明器物制造者，但在西汉中期以后几乎不见"烙印"，而以刻写为主要形式，并在漆器上出现了印章形式或漆书的文字[1]，一号墓出土物上的文字有锥刻和漆书两种，说明该墓年代不早于西汉中期；四神博局镜以博局和青龙、白虎、朱雀、玄武四神为主纹，圆纽，纽座方格外有"长宜子孙"铭文，宽云气纹缘，其主要流行年代，大致为西汉后期至东汉前期[2]。出土的五铢钱，保存不佳，字迹模糊，但"五"字仍清晰可辨，墓中未发现"货泉"等新莽时期的钱币，说明下葬年代不会晚于新莽时期。因此，该墓年代定为西汉晚期偏晚阶段较为合适。

二　墓主人身份

起凤山一号墓为"甲"字形木椁墓，墓室南北长 12.1、东西宽 7.1 米，墓道残存 4.4 米，墓室总面积约 85 平方米（加上墓道总面积达 97 平方米）。墓葬形制和规模大小与莲花安成侯墓[3]、湖南永州鹞子岭二号墓[4] 甚是相似，所出耳杯虽残损，但不难看出其纹饰和制作工艺与后者基本一致。木椁构筑工艺较为复杂，墓内随葬鎏金铜釦器、车马明器、琉璃器、贴金箔的漆器残片等，均表明一号墓墓主人身份地位较高，尤其是鎏金铜釦耳杯和漆书"东宫"字样的漆盘。"东宫"盘可能是墓主所得赏赐之物。卫宏《汉旧仪》载："大官尚食用黄金釦器，中官私官尚食用白银釦器，如祠庙器云"[5]，《汉书·贡禹传》记载："臣禹尝从之东宫，见赐杯案，尽文画金银饰，非当所以赐食臣下也。"贡禹（公元前 127～前 44 年）在汉元帝时为官，在东宫见到银釦描金漆器，认为这是不可以赏赐给臣子的。西汉桓宽《盐铁论·散不足》记载："今富者银口黄耳，金罍玉钟。中者野王纻器，金错蜀杯。夫一文杯得铜杯十，贾城而用不殊。"桓宽为昭帝和宣帝时人，"黄耳"指双耳饰鎏金铜釦的耳杯，这表明西汉后期釦器的等级限定已经被打破了[6]。另外，1992 年还在墓葬南部约 100 米发现了祭祀坑[7]，甚至当时可能还营造了墓园，这些都说明墓主身份较高，应当是西汉晚期高等级贵族。

据《史记·建元已来王子侯者年表》[8] 与《汉书·王子侯表》[9] 记载，安福地区西汉时期曾分封有安成和安平两个侯国。安成侯刘苍为长沙定王次子，于元光六年（公元前 129 年）始封，元平元年（公元前 74 年）第三代安成侯刘寿光坐与姊乱，下狱病死，爵位被除。《汉书》记载第一代安平侯刘习为长沙孝王之子，但周振鹤先生考证为剌王的儿子[10]，初元元年（公元前 48 年）受封，

[1]　洪石：《战国秦汉漆器研究》，中国社会科学院研究生院，2002年。
[2]　傅举有：《论秦汉时期的博具、博戏兼及博局纹饰》，《考古学报》1986年第1期。
[3]　江西省文物考古研究院、萍乡市莲花县文物办：《江西莲花罗汉山西汉安成侯墓》，上海古籍出版社，2017年。
[4]　湖南省文物考古研究所、永州市芝山区文物管理所：《湖南永州市鹞子岭二号西汉墓》，《考古》2001年第4期。
[5]　〔汉〕卫宏：《汉旧仪》，见《四部备要·史部·汉官六种》第15页，上海中华书局据金坛刻本校刊。
[6]　卢烈炎、马乐：《重庆地区出土的西汉带釦漆器》，重庆考古网发布。
[7]　周文安：《安福县文化广播电视新闻出版志》，安新出内准字第2016（01）号，2016年。
[8]　〔汉〕司马迁：《史记》，中华书局，1982年。
[9]　〔汉〕班固：《汉书》，中华书局，2005年。
[10]　周振鹤：《西汉政区地理》，人民出版社，1987年。

第二代刘嘉在王莽时期被除国[1]。

安成侯墓已于 2007 年在莲花罗汉山发现，墓中出土刻有"安成侯印"的金印一枚，发掘者通过对墓葬形制与出土器物研究认为墓主为第一代安成侯刘苍[2]，说明安成侯葬在莲花县内，那么起凤山一号墓当与安成侯无关，这从谭其骧先生《中国历史地图集》[3]的研究中可以得到佐证。谭其骧先生认为，西汉中晚期今安福县严田镇以西为安成侯封地，严田镇以东为安平侯封地，起凤山一号墓所在区域在严田镇以东，为安平侯封地，推测与安平侯有关。虽然史料中并未详细记载第一代安平侯的薨年和二代安平侯的在位及薨年时间，但是从二代安平侯在王莽建立新朝后才被除国可以推断出，二代安平侯在除国前仍在世，一代安平侯的下葬年代应该在元帝初元元年（公元前 48 年）至王莽新朝之间，二代安平侯下葬年代应在新莽之后，除国之后应该没有财力营造如此规模的墓葬，墓主为一代安平侯或侯夫人的可能性较大。

---

[1]　马孟龙：《西汉侯国地理》，上海古籍出版社，2021年。

[2]　江西省文物考古研究院、萍乡市莲花县文物办：《江西莲花罗汉山西汉安成侯墓》，上海古籍出版社，2017年。

[3]　谭其骧：《中国历史地图集》，中国地图出版社，1982年。

第四章　六号墓（M6）

　　位于起凤山东南侧的岗地上，西北距起凤山一号墓约 60 米，南与 M7 并列分布，相距约 2 米，南距泸水河约 410 米（图一三；彩版五一）。在对起凤山一号墓周边进行勘探时被发现，其时墓葬东部已被破坏。考虑到此处的施工建设情况，上报后，江西省文物考古研究院联合安福县博物馆于 2021 年 6 月对六号墓进行发掘，至 9 月份清理完成。

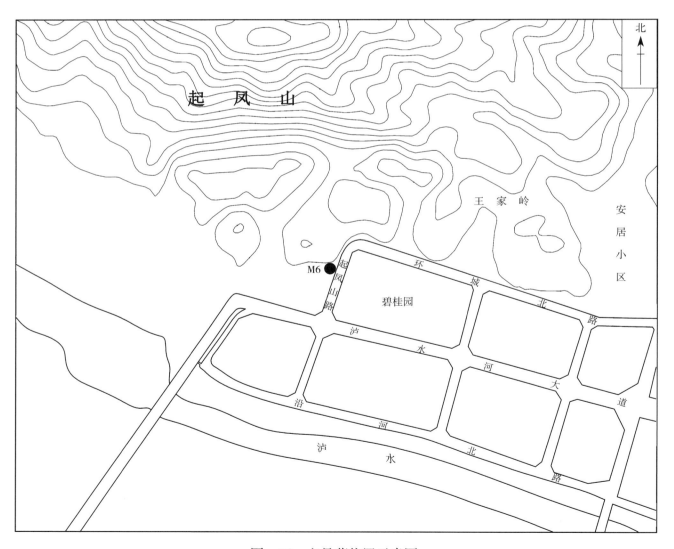

图一三　六号墓位置示意图

第一节　墓葬形制

由于 20 世纪六七十年代在这一带生产石灰和水泥，表面覆盖 1 米多厚的黑色矿渣，封土已无存。

六号墓为"甲"字形竖穴土坑木椁墓，墓向 107°（图一四）。墓道和墓坑东壁遭公路施工取土破坏，墓坑北部被一座明末清初墓葬打破。墓残长 5.3（含墓道）、宽 3.4 米，面积约 17 平方米。在墓葬西侧和中部各发现一个盗洞，西侧的盗洞（D1）为不规则形，最宽处 1.1 米，从墓葬西部斜向掘进墓坑，在距墓底 1.7 米处停止，应该未盗掘成功；墓葬中部的盗洞（D2），长条形，几乎覆盖整个墓室，最长处 4.6、最宽处 2.6 米，从墓葬正上方进行盗掘，呈阶梯式逐渐缩小盗掘范围，最终直达墓底。洞内还发现数块残破的西汉时期板瓦。

墓道　位于墓坑东壁中部，上部被取土破坏。梯形斜坡式墓道，近墓室处较宽，残长 0.6、宽 0.85 ～ 1 米，坡度约 40°，墓道下口距墓底约 0.65 米。填土为黄褐色土，较致密，纯净无包含物。

墓坑　平面为长方形，原始墓口已遭破坏。长 4.7、宽 3.4、残深 3.53 米。墓底有两条顺墓向的东西向沟槽，长 4.7、宽 0.2、深 0.15 米，东端距东壁 0.3 米，西侧伸入墓壁约 0.3 米。为安放支撑椁室的地栿之用。沟槽内为灰色土，当为地栿腐朽所致（彩版五二）。填土共有 20 层（除盗洞内回填土），每层厚约 0.18 ～ 0.20 米，灰褐色或黄褐色土，较致密，纯净，无包含物（图一五）。

椁室　枋木、椁板均腐朽无存，只在墓底发现 12 块横铺的腐朽木板痕迹，根据残留痕迹推测木板规格为宽 0.25 ～ 0.45、长约 3 米（彩版五三，1）。在椁室与坑壁之间有 0.28 ～ 0.3 米的间隙，用黄褐色土填充，土质致密，无包含物，高 1 米，推测当时椁室高度在 1 米左右。

棺　葬具和人骨已朽烂无存，在墓底中部腐朽的椁底板之上发现一层薄薄的朱砂（彩版五三，2），平面形状大致为梯形，长 2.1、宽 0.85 ～ 1 米，窄的一端朝西，推测为棺木腐朽后的残留。从棺木及墓道位置分析，头向朝西。在朱砂四角各有一个"S"形铁钩，推测棺上有帐。墓葬虽被盗，但仍出土陶器、铁器、铜器等各类器物 20 余件，陶器主要分布在墓室南北两侧，据分析在棺外，铁器、铜器主要分布在墓室中部，推测为棺内（彩版五四）。

第二节　随葬器物

共出土器物 32 件。包括铜器 1、陶器 16、铁器 14 件和其他器物 1 件。

一　铜器

铜镜　1 件。

M6：1，修复。禽兽纹博局镜，圆形、圆纽、圆纽座。柿蒂纹饰，座外大方格。方框各边中心点外有简化"T"形纹，两边各一乳丁，简化"T"形与"L"形纹对置，方格四角与"V"形纹对置。方框及"T""L""V"纹将内区分为四方八极，其内均为同形禽鸟纹，八鸟两两相对。

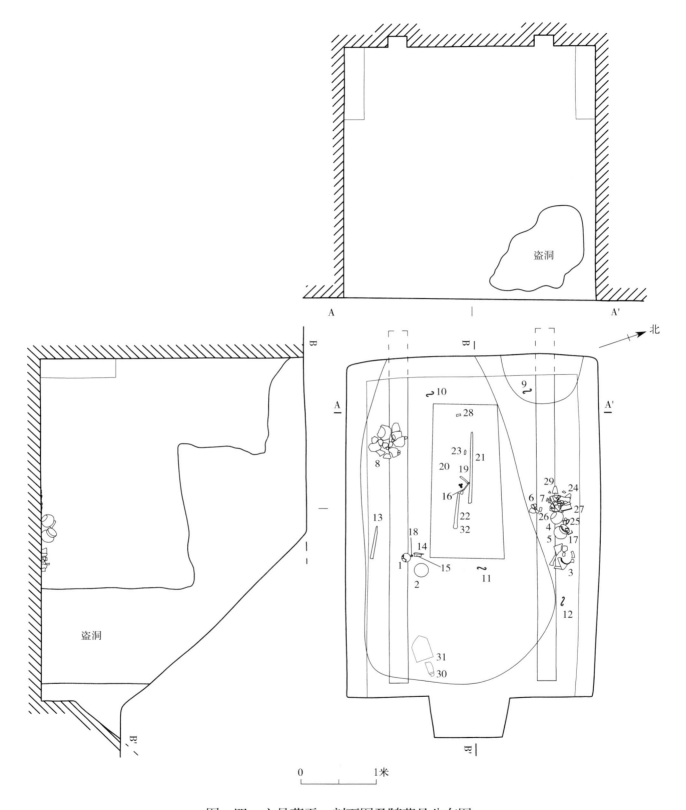

图一四 六号墓平、剖面图及随葬品分布图

1.铜镜 2.陶盒 3.陶甑和陶灶 4.陶罐 5.陶罐 6.陶仓 7.陶罐 8.陶罐 9.铁钩 10.铁钩 11.铁钩 12.铁钩 13.铁刀 14.铁刀 15.砚板 16.铁刀 17.铁棺钉 18.陶研 19.铁刀 20.铁刀 21.铁剑 22.铁刀 23.铁刀 24.陶罐 25.陶器盖 26.陶罐 27.陶仓 28.陶鼎 29.陶器盖 30.陶筒瓦 31.陶板瓦 32.铁刀

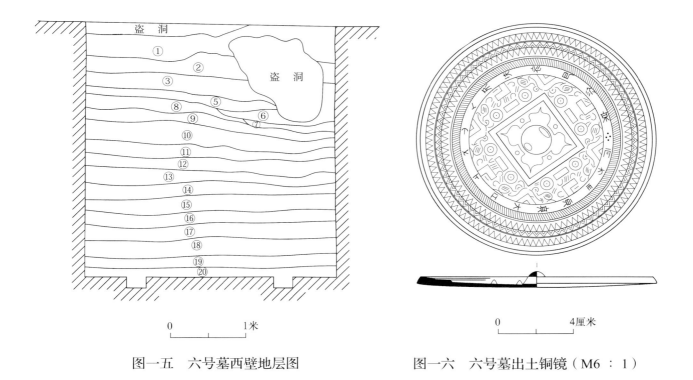

图一五　六号墓西壁地层图　　　　　图一六　六号墓出土铜镜（M6：1）

外区铭文为"尚方作竟真大巧，上有山人不知老，渴饮泉"，其外短斜线，双锯齿纹缘间以双线波状纹。直径 12.8 厘米（图一六；彩版五五）。

二　陶器

16 件。包括罐 6、盒 1、甑 1、仓 2、鼎 1、瓦 2、器盖 2、研 1 件（彩版五六）。

罐　6 件。根据是否带盖可分为 A、B 两型。

A 型 3 件。有盖。形制、大小基本相同，内外双口，外口沿接于颈部，内口直或微敛，内口略高于外口。伞形盖，盖口卡于内、外口之间。罐体为泥质灰硬陶，盖为泥质软红陶。此型罐出土时，器盖口卡在双唇罐两口之间，即为配套使用（彩版五七）。

M6：4，修复。盖口微敛，方唇，短沿，鸟形纽。盖面饰方格纹，内壁有一圈捺窝。器身内口微敛，圆唇，外口侈，尖唇。束颈，溜肩，鼓腹，底内凹。口内饰四圈凸弦纹，腹饰方格纹。盖口径 10.7、高 7.6 厘米；器身口径 9.1、底径 10.9、最大腹径 18.7、通高 17.1 厘米（图一七，1；彩版五八）。

M6：5，修复。盖口直，方唇，短沿，鸟形纽。盖面饰方格纹，内壁有一圈捺窝。器身内口直，圆唇，沿微凹。外口侈，方唇。束颈，溜肩，鼓腹，底微凹。口内饰五圈凸弦纹，腹饰方格纹。盖口径 12.2、高 8.5 厘米；器身口径 8.9、底径 11、最大腹径 17.9、通高 18.5 厘米（图一七，2；彩版五九）。

M6：7，修复。盖缺失。器身内口微敛，圆唇，沿微凹。外口侈，圆唇。束颈，溜肩，鼓腹，底微凹。口内饰七圈凸弦纹，腹饰方格纹，上腹部饰有"大"字形刻划符号。器身口径 8.7、底径

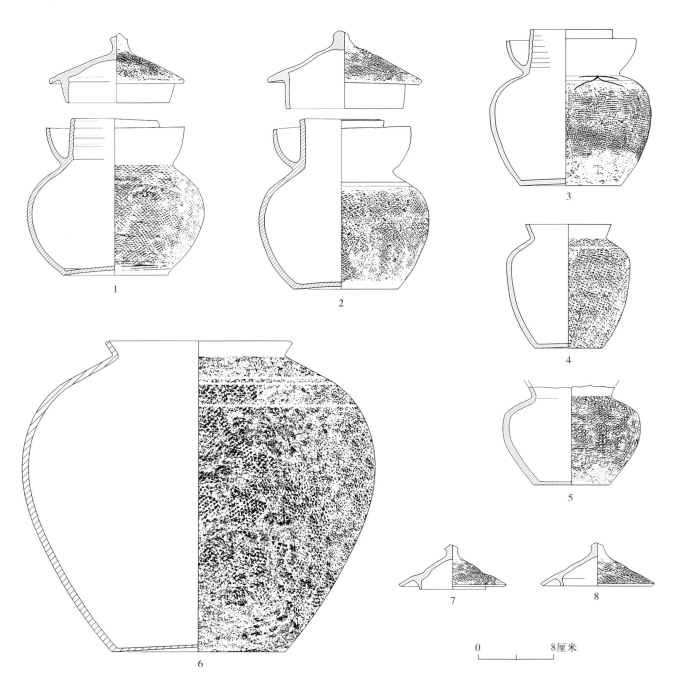

图一七　六号墓出土陶器

1、2、3.A型罐（M6：4、M6：5、M6：7）　4、5.Ba型罐（M6：24、M6：26）　6.Bb型罐（M6：8）　7、8.器盖（M6：25、M6：29）

10.6、最大腹径 17、通高 17 厘米（图一七，3；彩版六〇）。

B 型 3 件。单口，无盖。根据个体大小和底部特征，分为两个亚型。

Ba 型 2 件。个体较小，口径小于 15 厘米，高小于 20 厘米。平底。

M6：24，修复。泥质灰硬陶。侈口，圆唇，束颈，鼓肩，腹部弧收，平底。沿内有两圈凸棱，肩饰有一周凹弦纹，腹饰方格纹。口径 9、底径 7、最大腹径 13、高 13.5 厘米（图一七，4；彩版六一，1）。

M6：26，口部残。泥质灰硬陶。侈口，束颈，鼓肩，腹部斜收，平底。腹饰方格纹。底径8、最大腹径14.5、残高10.7厘米（图一七，5；彩版六一，2）。

Bb 型 1 件。个体较大，口径大于15厘米，高大于20厘米。凹底。

M6：8，修复。泥质红软陶。侈口，方唇，束颈，溜肩，鼓腹。肩饰有三周凹弦纹。腹饰方格纹。口径19.7、底径18.1、最大腹径37.2、高33.9厘米（图一七，6；彩版六二，1）。

器盖　2 件，伞形。

M6：25，修复。泥质灰硬陶。口内敛，短沿，圆唇，盖面微凹，鸟形纽。盖面饰方格纹。口径7、高4.8厘米（图一七，7）。

M6：29，修复。泥质灰硬陶。敛口，方唇，盖面略微凹，鸟形纽。盖面饰方格纹。口径7.6、高4.7厘米（图一七，8；彩版六二，2）。

盒　1 件。

M6：2，修复。泥质灰色硬陶。覆钵形盖，方唇，沿外见有拉坯形成的弦线。器身侈口，尖唇，浅弧腹，底内凹，素面，在靠近口沿处有"乂"形刻划符号。盖径18、高5.4厘米；器身口径18.1、底径10.7、高7.4厘米（图一八，1；彩版六三）。

甑　1 件。

M6：3，修复。泥质红软陶。侈口，圆唇，沿微凹，斜腹，平底，底部为箅，有8个小孔。外沿下饰两道凹弦纹，外壁通体饰细方格纹。口径15.1、底径9.2、高11.6厘米（图一八，2）。与陶灶一同出土，灶破损严重，无法修复，但可看出其为船形（彩版六四）。

仓　2 件。

M6：6，修复。泥质红软陶，伞形盖。盖圆形，顶部有一圆锥状捉手，盖面饰有六圈凹弦纹。器身圆筒形，敛口，圆唇，腹部微鼓，正面上方为长方形仓口，下方为楼梯，平底，底部为圆形台面，下接四个圆柱状足进行支撑。口径22.9、底径25.7、足径3.5、足高7.3、通高30.9厘米（图一八，3；彩版六五）。

M6：27，修复。泥质灰硬陶，伞形盖。盖圆形，顶部有一圆锥状捉手。盖面饰三圈凹弦纹，被放射状直线分隔成11个扇形区域。器身圆筒形，侈口，圆唇，平沿微凹，腹部微收，平底，底部为方形台面，下接四个圆柱状足进行支撑。口径23、底径19.5、足径3、通高28.4厘米（图一八，4；彩版六六）。

鼎　1 件。

M6：28，修复。泥质灰硬陶，带盖。盖弧形，圆柱状纽。纽顶面内凹，盖面饰有三圈凹弦纹，间以水波纹。鼎口内敛，方唇，溜肩，鼓腹，上腹部有对称方形方孔立耳，平底。圆柱形足。腹饰方格纹。器盖及鼎身口沿连接处刻"米"字形符号。口径14.1、腹深8.2、通高18.5厘米（图一八，5；彩版六七）。

筒瓦　1 件。

M6：30，残。泥质灰软陶。盗洞内出土。截面半圆形，长舌，舌根与体交接处内面有一周凸棱，瓦面饰粗绳纹，内素面。残长21.7、残宽8.8、厚1.4厘米（图一八，6；彩版六八，1）。

板瓦　1 件。

图一八　六号墓出土陶器

1.盒（M6：2）　2.甑（M6：3）　3、4.仓（M6：6、M6：27）　5.鼎（M6：28）　6.筒瓦（M6：30）　7.板瓦（M6：31）

M6：31，残。泥质灰软陶。盗洞内出土。横截面呈拱形，表面饰粗绳纹。残长40、宽27.5、厚1.3厘米（图一八，7；彩版六八，2）。

研　1件。

M6：18，略残。黄陶。出土时其下方有一方形研托，边上置一黛板。上圆下方，圆面上有阳纹蟠龙纹饰，因年代久远已模糊不清，周围绕以圆珠纹，下端的方形面表面粗糙。边长3、厚1.3厘米。研托方形，黑色。长3、厚0.25厘米（图一九，1；彩版六八，3）。

三　铁器

14件。包括铁钩4件、棺钉1件、刀8件、剑1件。

铁钩　4件。形制、大小一致，修复（彩版六九，1）。表面锈蚀，用扁平铁条两端弯曲成"S"形，两端圆钝。

M6：9，长11.8、宽1.9、厚0.5厘米（图一九，3）。

M6：10，长13、宽2、厚0.5厘米（图一九，4）。

M6：11，长12.4、宽1.8、厚0.4厘米（图一九，5）。

M6：12，长12.5、宽2、厚0.5厘米（图一九，6）。

棺钉　1件。

M6：17，完整。表面锈蚀。用扁平铁条两端弯曲成直角，呈"["形，钉头尖。长9.7、宽4.5厘米（图一九，7；彩版六九，2）。

刀　8件（彩版七〇）。

M6：13，残，仅存部分刀身，锈蚀严重。呈长条状，直背，断面呈三角形。残长38、宽3.6厘米（图一九，8；彩版七一，1）。

M6：19，残，锈蚀严重，仅存刀身。呈细长条状，直背，尖端刃侧弧收，断面呈三角形。残长13.8、宽1.6厘米（图一九，9；彩版七一，2）。

M6：20，残，锈蚀严重，仅存刀身。呈细长条状，拱背，尖端刃侧弧收，断面呈三角形。残长22.5、宽1.9厘米（图一九，10；彩版七一，3）。

M6：23，残，锈蚀严重，仅存刀身。残留有木质刀鞘痕迹，刀身呈细长条状，直背，断面呈长方形。残长11.7、宽1.7厘米（图一九，11；彩版七一，4）。

M6：14，锈蚀严重，修复。环形刀首，刀身呈细长条状，直背，尖端刃侧斜直，断面呈三角形。长16.2、环首宽2.7、刀身宽1.2厘米（图一九，12；彩版七二，1）。

M6：16，锈蚀严重，修复。环形刀首，刀身呈细长条状，尖端刃侧斜直，断面呈三角形。长19.4、环首宽3.6、刀身宽1.3厘米（图一九，13；彩版七二，2）。

M6：22、M6：32，两把环首刀形制相同，仅在长短上有差异。均锈蚀严重，修复。环形刀首，刀身呈细长条状，直背，尖端刃侧弧收，断面呈三角形。M6：22，长51、环首宽4.5、刀身宽2.6厘米（图一九，14；彩版七二，3）；M6：32，长50.4、环首宽4.5、刀身宽2.5厘米（图一九，15；彩版七二，4）。

铁剑　1件。

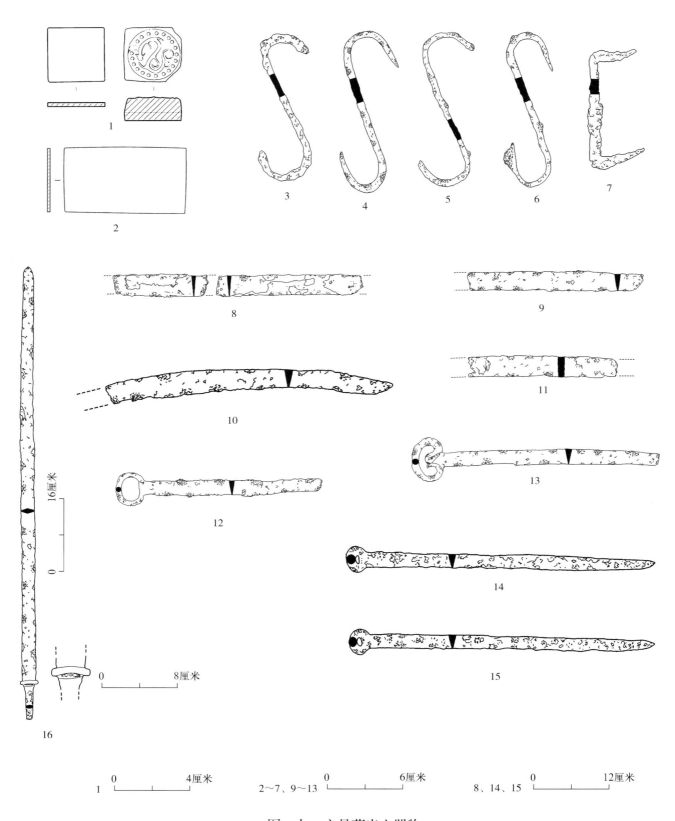

图一九　六号墓出土器物

1.陶研（M6：18）　2.砚板（M6：15）　3～6.铁钩（M6：9、M6：10、M6：11、M6：12）　7.铁棺钉（M6：17）　8～15.铁刀（M6：13、M6：19、M6：20、M6：23、M6：14、M6：16、M6：22、M6：32）　16.铁剑（M6：21）

M6：21，锈蚀严重，修复。剑身残留有漆鞘痕迹，剑身较长，断面呈菱形，格为黑曜石，上部为嵌有宝石的银质装饰，尖锋。剑身长 91.5、宽 3、通长 99.5、格宽 4 厘米（图一九，16；彩版七三）。

四　其他

砚板　1 件。

M6：15，完整，黑色，呈长方形，一面经过修整磨光，另一面较粗糙。光滑面上有残留的红色物，应是朱砂渗沁所致。和陶研同出。长 9.4、宽 5.4、厚 0.25 厘米（图一九，2；彩版七四）。经鉴定，其主要成分为骨黑[1]。

第三节　墓葬年代

从出土器物看，M6 出土的陶仓（M6：6）、陶鼎（M6：28）与宜春白泥山西汉墓所出的陶仓、铜鼎器形相似[2]，后者年代约当武帝时期；双唇罐（M6：4、M6：5、M6：7）与新余西汉墓所出的双唇陶罐（M：8）器形一致[3]，后者年代为西汉中晚期；陶盒（M6：2）与浙江海盐龙潭港遗址汉墓出土的陶盒（M3：7）相似[4]，后者年代为西汉晚期；铜镜（M6：1）与江苏扬州瘦西湖新苑三期汉墓出土的铜镜（M59：1）相似[5]，后者年代为西汉晚期；红陶罐（M6：8）与永州鹞子岭二号墓的 A Ⅲ 式罐（M2：82）相差无几[6]，后者年代在西汉末年；所以 M6 的年代应为西汉晚期偏晚阶段。

---

[1]　骨黑，又叫骨炭黑、象牙黑，是一种天然的黑色颜料，是由动物骨头在缺氧的条件下经过干馏生成。

[2]　黄颐寿、谢志杰：《宜春西汉木椁墓》，《江西历史文物》1986年第1期。

[3]　江西省新余市博物馆：《江西新余发现西汉墓》，《南方文物》2005年第4期。

[4]　浙江省文物考古研究所、海盐县博物馆：《浙江海盐龙潭港遗址汉墓发掘简报》，《东方博物》（第十四辑），浙江大学出版社，2005年。

[5]　扬州市文物考古研究所：《江苏扬州瘦西湖新苑三期汉代墓葬发掘简报》，《东南文化》2021年第4期。

[6]　湖南省文物考古研究所、永州市芝山区文物管理所：《湖南永州市鹞子岭二号西汉墓》，《考古》2001年第4期。

第五章　七号墓（M7）

位于起凤山东南侧的岗地上，西北距起凤山一号墓约 60 米，北与 M6 并列分布，相距约 2 米，南距泸水河约 410 米（图二〇）。在对起凤山一号墓周边进行勘探时被发现，其时墓葬东部已被破坏。考虑到此处的施工建设情况，上报后，江西省文物考古研究院联合安福县博物馆于 2021 年 6 月对七号墓进行发掘，至 8 月份清理完成。

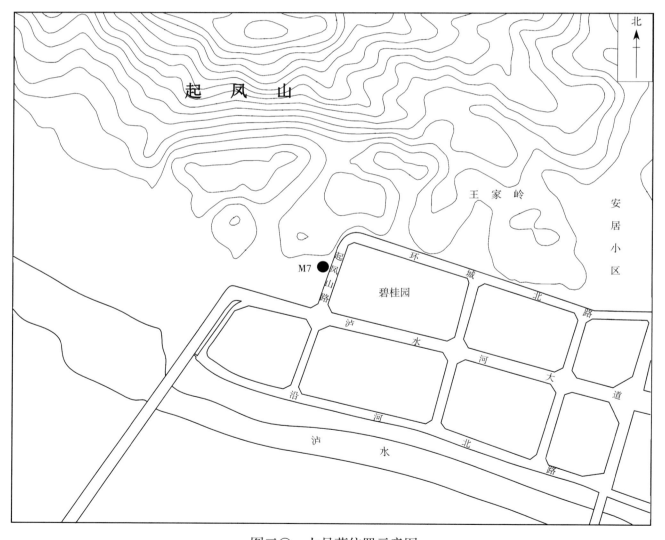

图二〇　七号墓位置示意图

第一节　墓葬形制

七号墓为长方形竖穴土坑墓，墓向105°。墓葬正上方为矿渣堆积，原始墓口已遭到破坏，不见封土。西侧及西北角被4座明末清初墓葬打破（彩版七五，1）。西北角墓壁有坍塌的痕迹。东壁遭取土破坏，墓道不详。墓坑残长4.1、宽2.3、残深2.2米，面积9.4平方米。墓底有两条东西向沟槽，应为放置地栿支撑棺木之用，枕木已朽烂，只残存炭屑（彩版七五，2），残长约4.03、宽0.18、深0.15米。墓内填土为褐色花土夹杂石子，较致密，无包含物。

葬具及骨骼无存，但在墓室中部残留有一层木炭，呈长方形，应是葬具腐朽痕迹。从墓葬所处地势及随葬品分布分析，头向朝西。

随葬品主要分布在东侧，有陶器、铁器、铜器等，在西侧出土一对琉璃耳珰（图二一；彩版七六）。

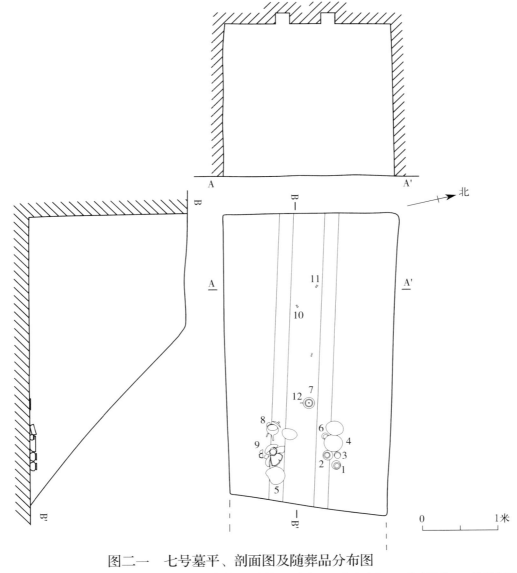

图二一　七号墓平、剖面图及随葬品分布图

1.陶罐　2.陶罐　3.陶罐　4.陶盒　5.铁釜　6.陶罐　7.铜镜　8.陶鼎　9.陶壶　10.琉璃耳珰　11.琉璃耳珰　12.铁环首刀

第二节　随葬器物

M7 共出土器物 12 件。包括铜器 1、陶器 7、琉璃器 2、铁器 2 件。

一　铜器

镜　1 件。

M7：7，完整。圆形、圆纽、圆纽座。座外大方格，四角饰如意纹。方框各边中心点外有"T"形纹，两边各一乳丁，"T"形与"L"形纹对置，方格四角与"V"形纹对置。方框及"T""L""V"形纹将内区分为四方八极，分别为青龙、白虎、朱雀各配一禽鸟，玄武配独角兽。外区 24 字铭文为"诏容貌，身命全，见衣服，好可观，宜佳人，心意欢，长于志，固常然"。其外短斜线与锯齿纹各一圈。云气纹缘。直径 15.8 厘米（图二二；彩版七七）。

七号墓还出土有五铢钱数枚，因保存环境较差，已酥化，"五铢"二字清晰可见（彩版七八）。另出土有铜器碎片。

0　　　　4厘米

图二二　七号墓出土铜镜（M7：7）

二 陶器

7件。

罐 4件。根据高度可分为 A、B 两型。

A 型 2 件。高大于 7 厘米，器形较大。

M7：1，泥质灰硬陶，口微残。侈口，圆唇，领微弧，束颈，鼓肩，弧腹，平底。腹饰方格纹。口径 9、底径 7.1、最大腹径 12.1、高 9.1 厘米（图二三，1；彩版七九，1）。

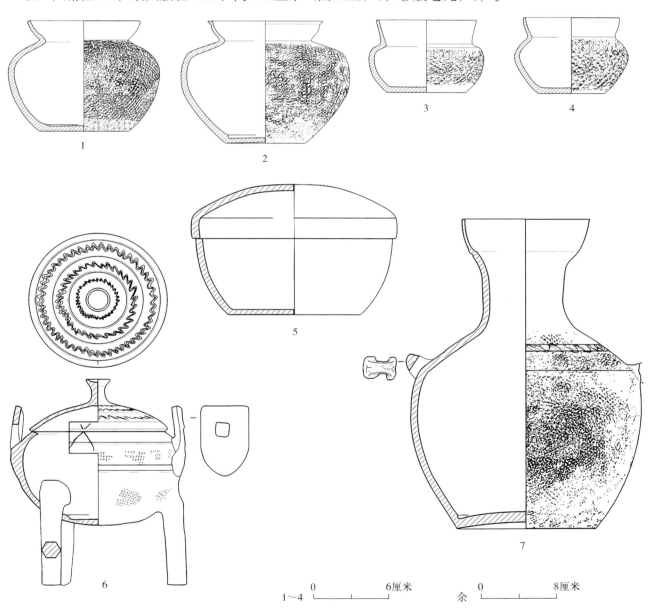

图二三 七号墓出土陶器

1、2.A型罐（M7：1、M7：2） 3、4.B型罐（M7：3、M7：6） 5.盒（M7：4） 6.鼎（M7：8） 7.壶（M7：9）

M7：2，泥质灰硬陶，口微残。侈口，圆唇，领微弧，束颈，鼓肩，弧腹，底微凹。腹饰方格纹。口径9.2、底径6.3、最大腹径13.5、通高10.1厘米（图二三，2；彩版七九，2）。

B 型 2 件。高小于 7 厘米，器形较小。

M7：3，泥质红软陶，口微残。侈口，圆唇，直领，束颈，鼓肩，弧腹，平底。腹饰方格纹。口径8、底径6.3、最大腹径9.2、高6厘米（图二三，3；彩版八〇，1）。

M7：6，泥质红软陶，口残损较大。侈口，圆唇，直领，束颈，溜肩，鼓腹，平底。腹饰方格纹。口径7.7、底径5.2、最大腹径9.1、高6.3厘米（图二三，4；彩版八〇，2）。

盒　1 件。

M7：4，修复。泥质红软陶。覆钵形盖，方唇。素面。器身侈口，方唇，弧腹，平底。素面。盖径21.7、高6.1厘米；器身口径21、底径14、高8.5厘米（图二三，5；彩版八一）。

鼎　1 件。

M7：8，修复。泥质灰硬陶，带盖。盖弧形，圆柱状纽。纽顶面内凹，盖面饰有三圈凹弦纹，间以水波纹。鼎口内敛，尖唇，溜肩，鼓腹，上腹部有对称方形方孔立耳，平底。下腹部有三个六棱柱形足。外口沿下及腹中部饰有凹弦纹，器身饰方格纹。器盖及鼎身口沿连接处刻"X"形符号。盖径14.8、器身口径14、通高22.4、宽18.8厘米（图二三，6；彩版八二）。

壶　1 件。

M7：9，修复。泥质灰硬陶。侈口，方唇，长束颈，溜肩，鼓腹，下腹弧，内收，凹底。肩部贴有一对称桥形横系。口颈交接处饰一周突棱，肩部饰一组凹弦和刻划的水波组合纹，腹部拍印方格纹。口径13.6、底径14.8、最大腹径24.6、高34.2厘米（图二三，7；彩版八三）。

三　琉璃器

2 件。均为耳珰。完整。形制完全一致。深蓝色，束腰柱形，两端大小不一，上下端微内凹，中间穿孔。

M7：10、M7：11，长径1.5、短径1.1、孔径0.15、高2厘米（图二四，1；彩版八四，1）。

四　铁器

2 件。

釜　1 件。

M7：5，修复。侈口，尖唇，宽折沿，束颈，溜肩，鼓腹，圜底。口径23.6、高18.9厘米。带有支架。支架为圆箍，三支足，架内设支垫承托。架径22.4、高18.6厘米（图二四，2；彩版八四，2）。

环首刀　1 件。

M7：12，修复。锈蚀严重，环形刀首，刀身呈细长条状，残留有木质刀鞘痕迹，直背，尖端刀侧弧收，断面呈三角形。长25.3、环首宽3.8、刀身宽2.2厘米（图二四，3；彩版八四，3）。

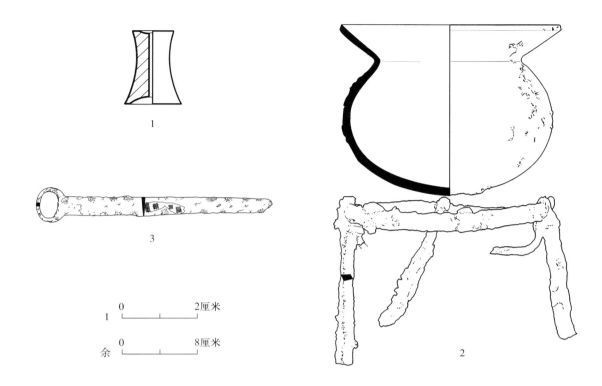

图二四　七号墓出土器物

1.琉璃耳珰（M7：10）　2.铁釜（M7：5）　3.铁环首刀（M7：12）

第三节　墓葬年代

M7 出土的陶鼎（M7：8）与南昌东郊西汉墓所出的Ⅰ式鼎形制接近[1]，后者年代为西汉中期。铁釜（M7：10）与广西贵港孔屋岭汉墓所出的 A 型铜釜（M2b：35）器形一致[2]，只是质地有所不同，当属同一时期，后者年代为西汉晚期偏早阶段。陶罐（M7：1、M7：2）与高安碧落山西汉墓所出的一类罐（M1：3）相似[3]，后者年代为西汉晚期。陶罐（M7：3、M7：4）与广东始兴汉墓出土的Ⅰ式罐（M18：3）相似[4]，后者年代为西汉晚期。陶壶（M7：9）与安徽天长汉墓出土的釉陶壶形制相似[5]，后者年代为西汉晚期。出土的四神博局镜流行于西汉晚期至东汉早期。出土有五铢钱，但未见有王莽时期货币。所以 M7 的年代应不晚于新莽时期，为西汉晚期。

---

[1]　江西省博物馆：《南昌东郊西汉墓》，《考古学报》1976年第2期。

[2]　广西文物考古研究所、贵港市博物馆：《广西贵港市孔屋岭汉墓2009年发掘简报》，《考古》2013年第9期。

[3]　江西省文物考古研究所、江西省高安市博物馆：《江西高安碧落山西汉墓》，《南方文物》2002年第2期。

[4]　廖晋雄：《广东始兴县汉墓清理简报》，《考古》1993年第5期。

[5]　安徽省文物工作队：《安徽天长县汉墓的发掘》，《考古》1979年第4期。

第六章　十七号墓（M17）

　　十七号墓位于起凤山南坡近山脚处，东北距起凤山一号西汉墓约200米（图二五）。2021年2月，修建环城北路取土时发现。形制与起凤山一号墓近似，为"甲"字形竖穴土坑木椁墓，墓向195°。由于20世纪60年代之后在这一带生产石灰和水泥，表面覆盖数米厚的黑色矿渣。墓葬南部的封土、墓坑和墓道均已遭严重破坏，墓葬残长9.9（含残存墓道）、宽6.6米。在墓室南部有一近椭圆形盗洞，最大径约1米，盗洞内填土下层为炭屑，上层为黄土，因未发现包含物，无法判断被盗年代。随葬器物基本不存，墓底漆皮散乱，仅在墓葬中部发现一些破碎的陶器、玉器、铜器等（图二六）。

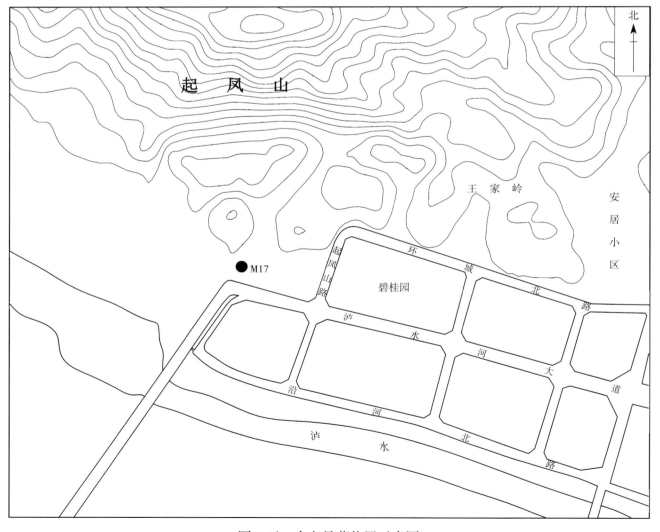

图二五　十七号墓位置示意图

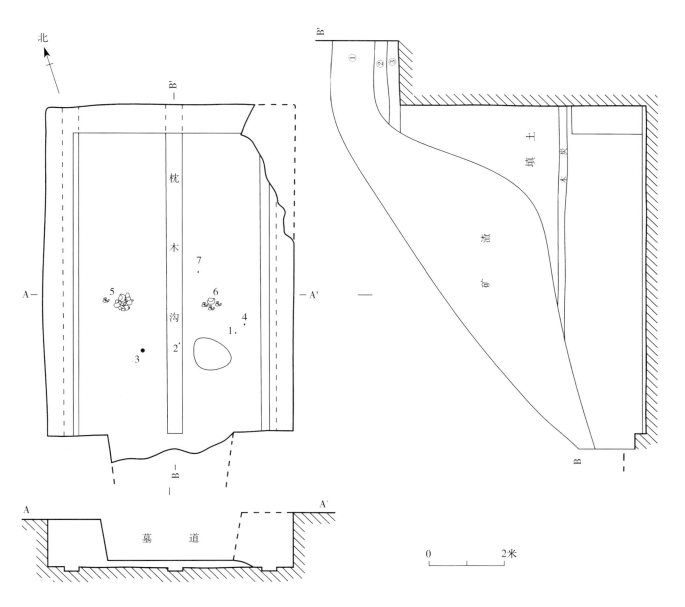

图二六　十七号墓平、剖面图及随葬品分布图

1、7.玉塞　2.玉片　3.铜镜　4.铜器足　5、6.陶罐

第一节　墓葬形制

一　封土

　　只在墓坑北侧残存小部分封土，南部因连年取土已无存。封土之上被现代矿渣覆盖，厚约 1.2 米。封土残存厚度约 0.7 米，根据土质土色可以分为上、下两层。上层厚约 0.4 米，土色红中显黄，较致密，纯净，含少量小石子；下层厚约 0.3 米，黄褐色土，稍显疏松，纯净无包含物（彩版八五，1）。

二 墓道

位于墓坑南侧中部，前端为矿渣堆积，破坏严重，仅残留 0.8 米。墓道底高出墓底 0.3 米，根据墓葬形制推测，可能与起凤山一号墓类似，为平面呈梯形的阶梯式墓道。西壁残高 1.3 米，东壁无存。按照墓道位于墓室的中线上的认知，根据残存的西壁推测，墓道的最宽处为 3.4 米（彩版八五，2）。

三 墓坑

平面为长方形，南北长 9.1、东西宽 6.6 米，面积约 60 平方米。北壁西侧坑壁保存完整，墓口位置比起凤山一号墓现存墓口低 10 米左右，现存墓坑深 6.6 米，东北角墓壁因取土破坏殆尽，南部最低处残留 1.3 米（彩版八六）。坑壁光滑平直。墓底有三条南北向横截面为方形的沟槽，长 9.1、宽 0.4、深 0.1 米，从墓坑北壁直抵墓口，为安放支撑椁底板的地栿之用，地栿已腐朽。底部铺垫一层厚约 0.1 米的木炭（彩版八七）。

四 椁室

已腐朽无存，仅在墓坑四周发现一些炭化的圆木和类似木炭的灰烬，推断为椁室外壁腐朽的枋木，墓底发现有东西向木板的印痕，推测为椁底板炭化所致（彩版八八，1）。在东、西、北三面灰烬与坑壁之间有宽约 0.7 米的间距，最底部填充厚约 0.4 米的木炭，木炭之上至墓口之间用黄褐土填充，偶夹杂一些木炭屑。另外，在墓室中部靠北的位置发现有大量的夹纻胎（彩版八八，2）。葬具无存。

第二节 随葬器物

M17 盗掘和破坏严重，在墓室零散分布有少量的漆皮，部分漆皮仍可见精美的祥云纹饰和漆皮上贴金箔的制作工艺（彩版八九）。除此之外，仅出土 7 件随葬品，有铜器 2、陶器 2、玉器 3 件。

一 铜器

2 件。

器足 1 件。

M17：4，修复。熊形，鎏金。熊作蹲坐状，双腿弯曲，两爪置膝上，挺腹。长鼻尖吻竖耳，两眼及肚脐处皆有一小凹孔。满身刻划线纹。器身中空，内部残留有木胎痕迹。鎏金已剥落。推测为漆奁足。高 3.8 厘米（图二七，1；彩版九〇，1）。

镜 1 件。

M17：3，修复。圆形。圆纽，座圆形。座外一周凸弦纹及内向八连弧纹，连弧纹内有简单纹饰。其外两周短斜线纹，斜线纹之间有"内而青而以而（昭）而明而（光）而象而夫而日之月□□泄"铭文，共 22 字，隶书，字体方正。素宽缘。直径 10.3 厘米（图二七，2；彩版九一）。

　　另发现一枚已粉化的五铢钱（彩版九〇，2）。

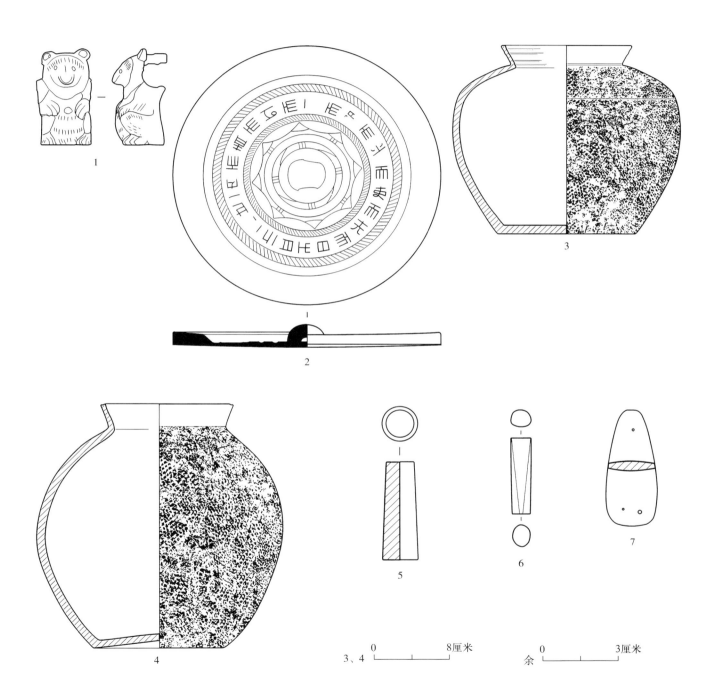

0　　　　　8厘米
3、4

0　　　　　3厘米
余

图二七　十七号墓出土器物

1.铜器足（M17：4）　2.铜镜（M17：3）　3、4.陶罐（M17：5、M17：6）　5、6.玉塞（M17：1、M17：7）　7.玉片（M17：2）

二　陶器

2 件。

罐　2 件。均为泥质灰硬陶。

M17：5，修复。侈口，圆唇，矮领，束颈，圆鼓肩，弧腹，平底，最大腹径位于上腹部。腹饰方格纹，肩饰一道凹弦纹，领内四道凹弦纹，腹内壁有泥条盘筑痕迹。口径 13.8、底径 14.6、腹径 24、高 20.6 厘米（图二七，3；彩版九二，1）。

M17：6，侈口，圆唇，斜沿微凹，矮领，束颈，溜肩，鼓腹，凹底。腹饰方格纹，腹内壁有泥条盘筑痕迹。口径 14、底径 13.8、腹径 26、高 26.4 厘米（图二七，4；彩版九二，2）。

三　玉器

3 件。

塞　2 件。

M17：1，完整。象牙白。表面有沁蚀斑痕。截面圆形，两端粗细不一。表面光滑。长径 1.4、短径 1.1、长 3.9 厘米（图二七，5；彩版九三，1）。

M17：7，完整。象牙白。表面有沁蚀斑痕。截面椭圆形，两端长短径不在同一方向。表面光滑。长径 0.8、短径 0.7、长 3.0 厘米（图二七，6；彩版九三，2）。

玉片　1 件。

M17：2。白色，穿孔。呈柳叶形，两面经过抛光，三角各有穿孔，单面钻。长 4.6、厚 0.42 厘米（图二七，7；彩版九三，3）。

第三节　墓葬年代和墓主人身份

一　年代

从墓葬形制看，M17 为"甲"字形竖穴土坑木椁墓，南北向，墓室四周用木炭和膏泥填充，墓坑底部有三条与墓葬同向的枕木沟，墓底铺垫有一层木炭，其形制与 2020 年发掘的起凤山一号西汉墓完全一致。

从出土器物看，M17 出土的昭明镜流行于西汉中晚期及新莽时期，与广西贵港孔屋岭汉墓所出的昭明镜（M2a：19）基本完全一样[1]，与广州汉墓Ⅺ型方字昭明镜相似[2]，两者年代均为西汉晚期。陶罐与湖南常德桃源县狮子山汉墓所出的 AⅠ 式罐（M23：18）[3]、洪州市黔城镇西汉墓所

---

[1]　广西文物考古研究所、贵港市博物馆：《广西贵港市孔屋岭汉墓2009年发掘简报》，《考古》2013年第9期。

[2]　广州市文物管理委员会、广州市博物馆：《广州汉墓》，文物出版社，1981年。

[3]　湖南省文物考古研究所、常德市文物工作队、桃源县文化局等：《桃源县狮子山汉墓发掘报告》，《湖南考古辑刊》1989年第00期。

出的 D 型罐（M18：2）[1]、长沙识字岭西汉墓（M3）出土的陶罐（M3：19）相似[2]，以上墓葬年代均为西汉晚期。综上，M17 年代应为西汉晚期。

二　墓主人身份

M17 为"甲"字形竖穴土坑木椁墓，椁室虽已朽毁无存，但残留的木枋痕迹仍然可见。墓室内散落的漆器残片纹饰精美、其上的贴金工艺高超，可惜的是墓葬遭盗掘严重，随葬品甚少，缺乏明确墓主身份的信息。但其墓葬形制与相距 200 米的起凤山一号墓相同，只是规模略小，由此推测墓主身份也应不低，或是安平侯国内的核心成员。

---

[1]　湖南省文物考古研究所、湖南怀化市博物馆、湖南洪江市芙蓉楼管理所：《湖南洪江市黔城镇张古坳、枫木坪西汉墓发掘简报》，《南方文物》2008年第4期。

[2]　长沙市文物考古研究所：《湖南长沙识字岭西汉墓（M3）发掘简报》，《文物》2015年第10期。

第七章 二十四号墓（M24）

二十四号墓位于起凤山东南侧的岗地上，西北距起凤山一号墓约 115 米，北距七号墓约 50 米，南距泸水河约 350 米（图二八），在修整护坡时被发现（彩版九四），江西省文物考古研究院联合安福县博物馆于 2021 年 9 月对其进行发掘，至 11 月份清理完成。

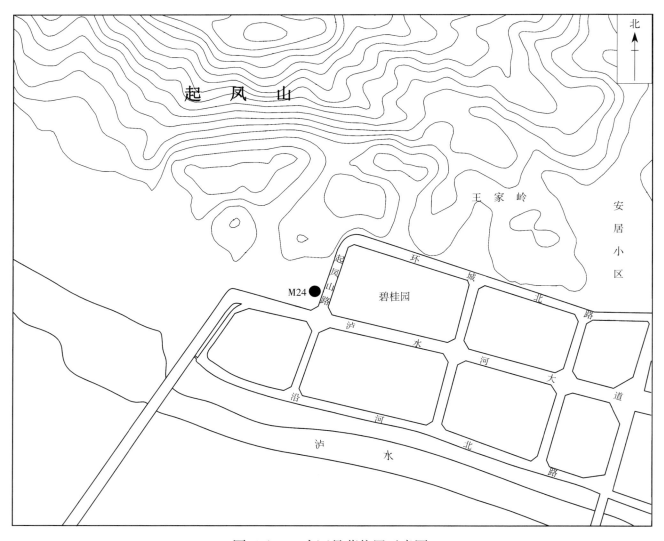

图二八　二十四号墓位置示意图

第一节　墓葬形制

M24 为"甲"字形竖穴土坑木椁墓，墓向 190°。西南角及南部被现代墓和取土破坏。墓葬开口及墓坑东壁、南壁大部分被破坏。墓残长 5.2、宽 3.2 米，面积约 15 平方米。墓葬西南角有一 1.4 米 ×1 米的长方形盗洞，随葬品大部分被盗，仅存少量陶器（图二九；彩版九五）。

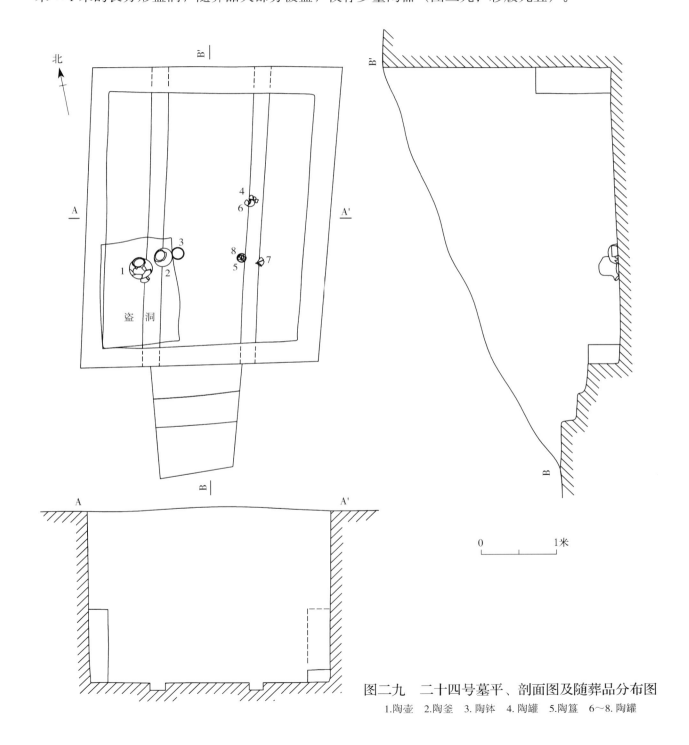

图二九　二十四号墓平、剖面图及随葬品分布图

1.陶壶　2.陶釜　3.陶钵　4.陶罐　5.陶簋　6～8.陶罐

墓道   位于墓坑南侧中部，南侧被取土破坏。长方形阶梯式墓道，残留两级台阶，残长约1、宽1.2米，近墓室处墓道底高出墓室底0.3米。

墓坑   平面为长方形，原始墓口已遭破坏。长4.2、宽3.2、残深3.1米。墓底有两条顺墓向的南北向沟槽，直抵墓壁，长4.2、宽0.21、深0.1米。为安放支撑椁室的地栿之用（彩版九六）。沟槽内为灰色土，当为地栿腐朽所致。填土为黄褐色土，较致密，纯净，无包含物。

椁室   枋木、椁板均腐朽无存。在椁室与坑壁之间有0.24～0.37米的间隙，北、东两侧略宽。用黄褐色土填充，土质致密，无包含物，高1米，推测当时椁室高度在1米左右。

棺   葬具和人骨已朽烂无存。由于墓道在南面，推测头向朝北。

残存的随葬品分布在南端的东西两侧。

第二节   随葬器物

M24经过盗掘，出土随葬品较少，均为陶器，共8件。

釜   1件。

M24：2，修复。泥质灰软陶。侈口，圆唇，高领，束颈，垂腹，平底。腹部饰一圈凸棱。口径19、底径13、最大腹径23.5、高17.8厘米（图三〇，1；彩版九七，1）。

钵   1件。

M24：3，修复。泥质灰硬陶。口微敛，圆唇，腹部微鼓，底微内凹。器身饰方格纹，腹中部有一圈凹弦纹。口径15.8、底径11.8、最大腹径16.2、高9.3厘米（图三〇，2；彩版九七，2）。

罐   4件。根据腹部不同分为A、B两型。

A型3件。溜肩、鼓腹。

M24：6，泥质红硬陶。口部残，侈口，束颈，平底。腹饰方格纹，肩部有"大"字形刻划符号。底径7.6、最大腹径15.2、残高11.3厘米（图三〇，3；彩版九八）。

M24：4，修复。泥质灰硬陶。侈口，圆唇，束颈，平底。腹饰方格纹。口径8.9、底径7.2、最大腹径11.7、高9.5厘米（图三〇，4；彩版九九，1）。

M24：7，泥质灰硬陶。口部残，侈口，束颈，凹底。肩部饰一组水波纹。底径6、最大腹径11.2、残高8厘米（图三〇，5；彩版九九，2）。

B型1件。鼓肩、斜腹。

M24：8，修复。泥质灰硬陶。侈口，圆唇，束颈，平底。腹饰方格纹。口径10、底径6.8、最大腹径15.8、高14.3厘米（图三〇，6；彩版一〇〇，1）。

簋   1件。

M24：5，修复。泥质灰硬陶，直口，尖唇，沿微凹，弧腹，平底，矮圈足，圈足外撇。腹饰方格纹，腹部有两圈凹弦纹。口径19.1、底径13、高11.4厘米（图三〇，7；彩版一〇〇，2）。

壶   1件。

M24：1，修复。泥质灰硬陶。侈口，方唇，束颈，溜肩，鼓腹，底微圜，圈足。肩部贴有一对称桥形横系。沿内有数道凹弦纹，口、颈交接处饰一周凸棱，肩部三组凹弦纹，腹部拍印方格纹，圈足上有两个对称圆孔。口径14、底径16.8、最大腹径30、高35厘米（图三〇，8；彩版一〇一）。

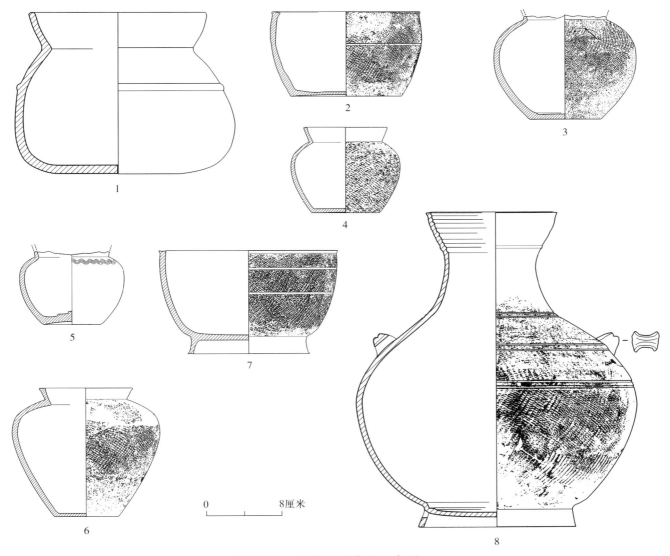

图三〇　二十四号墓出土陶器

1.釜（M24：2）　2.钵（M24：3）　3～5.A型罐（M24：6、M24：4、M24：7）　6.B型罐（M24：8）　7.簋（M24：5）　8.壶（M24：1）

第三节　墓葬年代

M24 出土的陶壶（M24：1）与莲花罗汉山安成侯墓所出的陶壶（M：85）相似 [1]，后者年代属西汉中期。陶罐（M24：4、M24：6、M24：7、M24：8）与高安碧落山西汉墓所出的一类罐（M1：3）相似，后者年代为西汉晚期。陶钵（M24：3）与湖南溆浦商顶坡、赵家庄汉墓出土的 B 型钵（M10：3）器形基本一致 [2]，后者年代为西汉晚期。所以 M24 的年代应为西汉晚期。

[1]　江西省文物考古研究院、萍乡市莲花县文物办：《江西莲花罗汉山西汉安成侯墓》，上海古籍出版社，2017年。

[2]　怀化市博物馆、溆浦县文物管理所：《湖南溆浦商顶坡、赵家庄楚汉墓考古发掘简报》，《湖南考古辑刊》（第14集），科学出版社，2020年。

第八章　八号墓（M8）

第一节　墓葬形制

八号墓位于王家岭南侧，西距起凤山一号墓约 400 米，南距泸水河约 400 米（图三一）。于 2020 年 4 月修环城北路时被发现。当时，封土、券顶及部分墓壁已被公路施工严重破坏。残存部分可看出 M8 为凸字形砖室券顶墓，墓向 245°，总面积有 15.6 平方米。由墓室和甬道构成，甬道外有排水沟（图三二；彩版一〇二）。

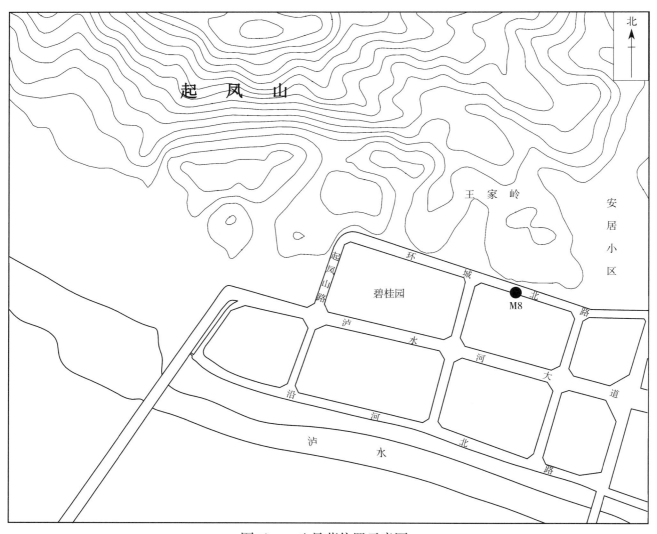

图三一　八号墓位置示意图

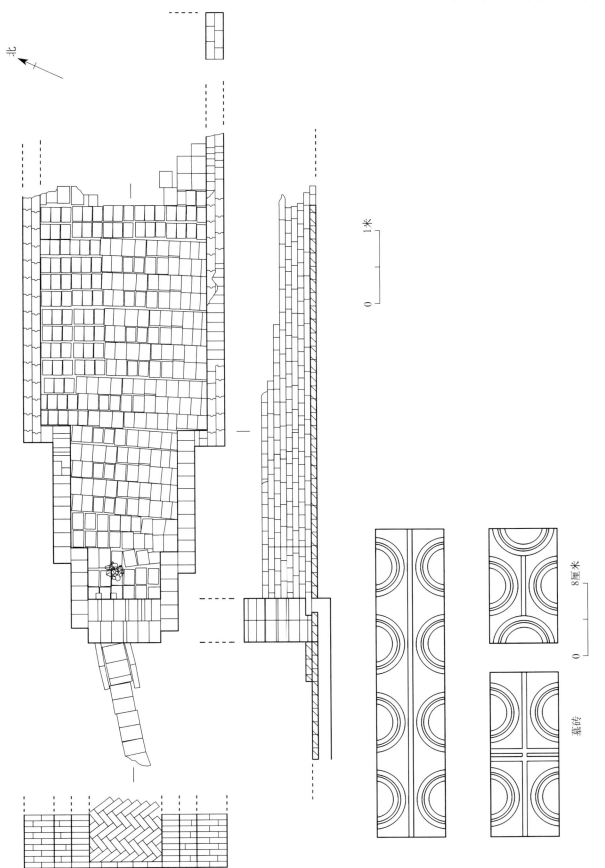

北

0　　　1米

图三二　八号墓平、剖面图

0　　8厘米

墓砖

墓砖

墓室　分为前、后两室，平面为长方形。后室内空长 5.7、宽 2.2 米，面积 12.5 平方米；前室内空长 1.7、宽 1.4 米，面积 2.4 平方米，顶部及后室后部被毁。残高 0.73 米。地面砖单层横向错缝平铺，素面。墓壁纵横平砌，纵向砖为半圆形的榫卯结构。葬具及人骨腐朽无存。

甬道　位于墓室前方，内空长 0.7、宽 1.0 米，面积 0.7 平方米。顶被毁，残存高度最高处约 0.7 米。地面砖与墓壁砌法与墓室相同。墓门用长方形砖侧立人字形堆砌内外两层，外层超出甬道口 0.16 米，残高 1.0 米（彩版一〇三）。

排水沟　位于甬道前面，前端被破坏。残长 1.65、宽 0.28、深 0.17 米。在地面上挖截面为长方形的沟，顶部用素面砖单层平铺覆盖，直通甬道内，沟内充满淤土。

墓砖为青砖，朝墓内的一侧印有半同心圆花纹（彩版一〇四，1）。形状有规格为 31 厘米 × 10 厘米 ×7 厘米长方形砖和规格为 40 厘米 ×19 厘米 ×（6 ～ 8）厘米的楔形砖两种，长方形砖有的带榫卯结构（彩版一〇四，2）。楔形砖用于券顶，长方形砖用于墓壁和墓门，带榫卯结构的用于墓壁纵砌，没有榫卯的用于横砌。纹饰有素面和半同心圆两种。室内地面均为素面，墓门和墓壁均为半同心圆纹饰砖。

第二节　随葬器物

M8 遭破坏严重，仅出土两件陶器。

罐　2 件。

M8：1，修复。泥质灰硬陶。侈口，宽沿微凹，圆唇，束颈，溜肩，弧腹内收，平底。肩部饰一圈凹弦纹，腹饰方格纹。口径 11、底径 9.5、最大腹径 13.3、高 14.8 厘米（图三三，1；彩版一〇五，1）。

M8：2，修复。泥质灰硬陶。侈口，圆唇，束颈，鼓肩，斜腹，平底。腹饰方格纹。口径 14.5、底径 13.6、最大腹径 22.5、高 26.8 厘米（图三三，2；彩版一〇五，2）。

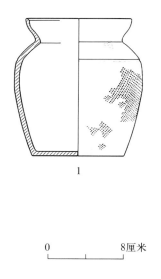
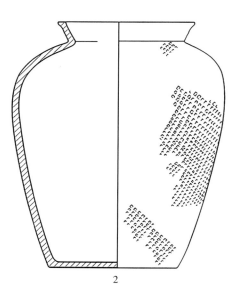

0　　　　　8厘米

图三三　八号墓出土陶罐

1、2.M8：1、M8：2

第三节　墓葬年代

M8 为凸字形砖室券顶墓，这种墓室结构为江西地区东汉时期所常见，花纹砖类型与于都岭背 M1 相同 [1]，所出陶罐（M8：1）与湖南蓝山五里坪汉墓出土的侈口罐（M35：8）相似 [2]，后者年代为东汉晚期。所以初步认为 M8 的年代为东汉晚期。

---

[1]　万幼楠：《江西于都发现汉画像砖墓》，《文物》1998年第3期。

[2]　湖南省文物考古研究所、蓝山县文物管理所：《湖南蓝山五里坪汉墓考古发掘简报》，《湖南考古辑刊》（第15集），科学出版社，2021年。

第九章 起凤山一号墓的数字化

在新的时代背景下，传统的考古学方法，如手工记录、绘图、文件存档等已经不能满足考古工作者对考古现场的一手资料进行全面、科学、准确的记录以及对资料高效、永久管理和研究利用的需要，数字考古应运而生。数字考古是在计算机技术支持下，在考古学研究中集成运用现代测绘、遥感、三维重建、数据库、地理信息系统、虚拟与增强现实和网络通信等技术，全面采集和运用考古现场各种空间信息进行综合分析、研究的理论和方法，是信息时代考古学发展的必然趋势。起凤山一号墓采用了航空摄影测量、延时摄影、三维激光扫描、近景摄影测量的多种数字化手段对考古发掘全过程进行记录，研发了考古发掘系统对资料进行管理，同时对发掘过程进行多维展示。

第一节 发掘过程延时摄影

起凤山一号墓发掘区域搭建了保护棚（彩版一〇六，1），其顶部钢架距离地面约 7 米的高度。据此，在发掘区域正上方，即保护棚钢架上搭建延时摄影的支架和设备（彩版一〇六，2），确保相机视角能覆盖发掘区域全部范围，完整记录发掘过程细节。在相机上安装定时快门线，实现延时摄影设备的自动控制。使用平板远程控制装置，设定设备定时拍摄的时间间隔，并实时监控程序运行，查看延时摄影自动拍摄的数据，对数据进行管理。工作流程如下（图三四）。

（1）设置好相机参数，连接好远程控制设备，相机拍摄间隔根据发掘过程中的要求，相机采集时间间隔分为 1 分钟拍摄一次或 3 分钟拍摄一次。

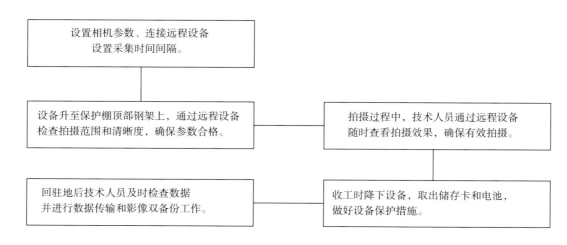

图三四　延时摄影工作流程图

（2）将相机升降至设备预设位置，检查拍摄相机的拍摄范围、清晰度和控件连接，确认各项参数合格，进行延时摄影拍摄工作。

（3）拍摄过程中，实时对拍摄区域进行色彩管理，将色卡置于拍摄区域环境光内，拍摄色彩还原控制照片。

（4）拍摄过程中，利用远程控制设备，常驻考古工地的技术人员实时查看拍摄数据情况，并对拍摄数据进行管理。

（5）当日考古工作完成后，停止延时摄影影像拍摄，技术人员将设备降下来，进行设备收纳保护，储存卡回收，电池回收充电工作。

（6）每日收工后进行数据检查，技术人员剔除多余的数据，并进行数据传输和影像双备份工作。

第二节 关键节点的数字化采集和记录

使用三维激光扫描仪对考古发掘过程中的关键节点进行三维数据扫描，如墓室全部露出、一号棺清理完成、墓室第一层椁底板和第二层椁底板全部露出时等（彩版一〇七，1）。

通过测量一号墓发掘区表面，高精度地获取空间信息，构建三维点云模型，全面记录一号墓的全方位现状信息。具体如下：

（1）仪器设备选用：天宝 FXD_1001 型三维激光扫描仪。

（2）扫描测站布设：每次扫描布设 8 ～ 20 站，三维激光扫描测站平均分布于测区（彩版一〇七，2）。为保证扫描精度，扫描对象主体到扫描站点的距离小于 21 米。

（3）标靶布设：每次扫描以发掘区中心为起点，纵横分割为 4 个扫描区域，每个区域扫描测站不大于 4 站。测站与测站之间采用标靶球关联。区域间扫描测站通过标靶纸进行闭合，以控制整个测区扫描精度，同时将点云与大地坐标联测。

标靶布设符合下列规定：

1）标靶球在扫描范围内均匀布置且高低错落；

2）相邻两扫描站的公共标靶球个数不少于 4 个；

3）每个区域均设置 3 个标靶纸，且相邻区域扫描测站能同时观测不少于 3 个标靶纸，以控制整个测区扫描精度，同时将各区域点云与大地坐标联测。

（4）标靶纸测量：每次扫描前使用 TOPCON MS05 全站仪极坐标法在相同测站对每一个标靶点施测两回，取各次测量平均值作为标靶的中心坐标，本项目测量标靶坐标 12 点。

（5）点云数据采集：作业前将仪器静置于扫描环境中 30 分钟，将仪器与 iPad 连接、设置采集分辨率、建立扫描项目、预扫、扫描范围设置、开始扫描。

点云数据采集要求如下：

1）作业前应将仪器放置在观测环境中进行温度平衡；

2）激光扫描仪应按以下步骤操作：架设扫描站、建立扫描项目、扫描范围设置、点间距或者采集分辨率设置、开始扫描；

3）扫描文件采用日期＋工程名的方式命名。扫描站采用顺序号＋扫描站位置的方式命名，扫描站位置用文字简要描述；

4）测站间点云数据的重叠度不低于 30%。

（6）摄影测量：根据摄影测量规范结合发掘区的地形条件、航飞环境及成果要求，航测采用精灵 PHATOM 4 PRO V2.0 无人机作为外业航测数据采集设备。因考古棚顶钢架距离地面高度约 7 米，为保证航飞数据精度及航飞安全，航测高度为 5 米。

第三节　数据处理

对发掘区十个重要节点进行高精度三维建模并对测量数据进行处理，在此基础上制作可视化三维呈现模型及正射影像。工作流程如下（图三五）。

（1）接收数据检查：内业数据处理人员在接收外业拍摄人员交付的数据后，对数据进行检查。检查色卡照片、摄影测量三维重建照片是否齐全和满足要求。所有数据合格后，方可进入下一步的处理。

（2）空三预算：对摄影测量照片进行筛选，剔除不符合计算要求的照片。进行空间三角关系预算，检验计算的可能性。

（3）影像色彩还原：用专业调色软件，对该发掘区域拍摄的标准色卡照片进行处理，得到色卡照片的 ICC 色彩配置文件。启用对应软件的色彩管理，利用色卡照片的 ICC 色彩配置文件，对拍摄影像进行色彩还原处理。

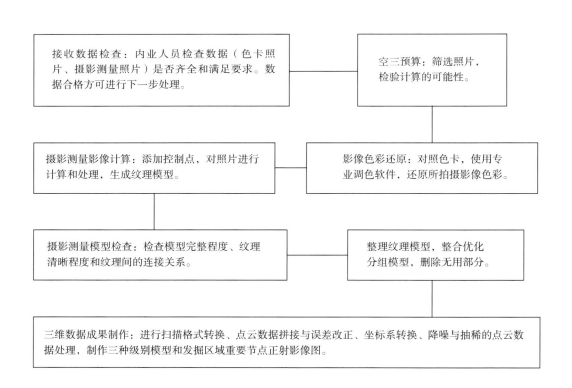

图三五　三维模型及正射影像制作流程图

（4）摄影测量影像计算：利用摄影测量计算软件，添加控制点，对航拍照片进行计算和处理，生成摄影测量纹理模型。

（5）摄影测量模型检查：检查摄影测量模型的完整程度，评估测量模型纹理的清晰程度和纹理间的连接关系，确保模型无缺失、纹理与模型之间无错位、纹理细节完整、颜色过渡自然。

（6）摄影测量纹理模型整合数据：整理纹理模型，对分组的模型进行整合优化，删除无用的部分，以提供后续工序使用。

（7）三维数据成果制作：分别使用 Trimble FX 软件进行扫描数据格式转换，三维扫描数据采用 Trimble Realworks 软件进行点云数据拼接与误差改正、坐标系转换，使用 Geomagic 软件进行降噪与抽稀的点云数据处理。并制作存档级纹理模型、应用级模型、展示级模型；基于三维纹理模型，制作渲染发掘区域重要节点的正射影像图。

第四节　发掘系统管理平台

建设数据库对发掘过程中的资料进行统一管理和保存，建设考古数字化成果管理与展示平台。数据库建设原则包括兼容性、稳定性、数据共享与交换、统一性、标准化、安全性和易维护性。通过建立一个基于 B/S 系统的轻量化平台，使日常管理工作系统化、规范化和自动化，提高管理效率，方便项目查看和管理。使用 SQL Server 数据库实现对数据的管理（图三六）。

数据库管理系统由首页、时空数据管理、工程资料及图纸管理、数据分析、数据维护、项目设置和系统设置七个方面组成。

首页：系统结合三维电子地图，宏观展示考古工程及相关墓葬的地理位置、分布及详细信息，提供项目名称、区域名称、朝代等信息查询、点坐标查询、距离测量要素筛选等功能。只要是被输入此系统中的考古项目，都可被一键搜索查询。并显示该项目的名称、缩略图、起止时间、坐标、简介、项目大事记及该项目相关的文件数量等。

时空数据管理：包括正射影像 & 矢量、三维模型、延时摄影。通过二维与三维、静态与动态的结合全面展示考古对象的相关数据信息。在正射影像 & 矢量、三维模型中可测量长、宽、高、面积、体积等信息；延时摄影可查看考古对象从始至终的考古过程、查询拍摄时间、播放摄影图片等。

工程资料及图纸管理：对考古工程中各个阶段的图纸及工程资料进行管理，包括各种文件（如考古发掘申请材料、验收文件、数字化资料文件等）、照片、矢量图、米格纸图等，并提供预览和下载功能。

数据分析：包括三维信息点、地层分析和建造工程复原动画。

数据维护：包括时空数据维护和工程资料维护。时空数据维护包括时空地理信息管理、信息热点维护、墓室维护。可维护项目均有增、删、改等操作。

项目设置：包括项目维护、操作日志、阶段维护、大事记维护。在项目维护中，可新增考古项目，并在首页同步展示，使得本数据库不仅限于管理起凤山汉一号墓的考古资料和信息。

系统设置：包括用户权限设置、用户资料维护、系统日志。

为展示墓室的建造过程，依据现有发掘资料以及测量数据，对墓室建造过程进行了推演，并开发了展示程序对建造过程进行了虚拟复原。通过 3D 动画的表现形式，表现起凤山一号墓的营

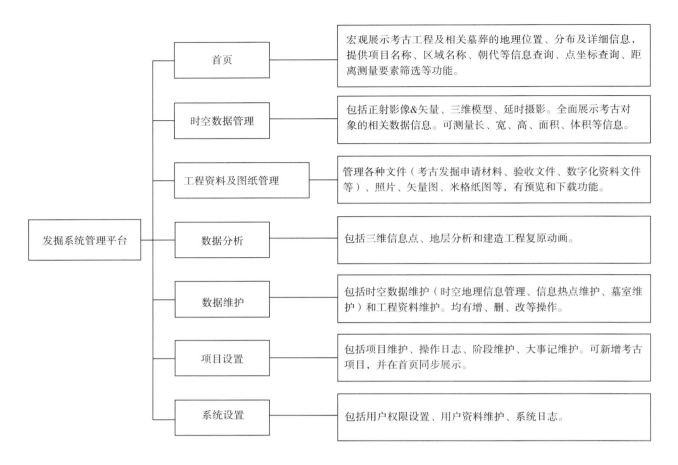

图三六　发掘系统管理平台

造过程，包括墓坑挖掘、地栿槽沟挖掘、木炭膏泥填槽、地栿放置、墓室木炭铺设、一层底板铺设、墓室立柱安装、二层底板铺设、侧板安装、后室底板铺设、后室侧板安装、墓室搭建、棺椁放置、器物放置、墓室顶板铺设、墓室东北西三面木炭与膏泥层交替叠压回填、椁室顶板上层木炭铺设、夯土回填墓室、封土等营造流程。

附　表

附表一　M1 出土器物登记表

序号	编　　号	名　称	质地	尺寸（厘米）	备注
1	2020JAQM1：1	车害	锡	长 3.6、底径 2.9、顶径 1.6	完整
2	2020JAQM1：2	马衔	锡	残长 4.4	残
3	2020JAQM1：3	耳珰	琉璃	上径 0.75、下径 1.1、孔径 0.15、高 1.3	完整
4	2020JAQM1：4	耳杯	漆		修复
5	2020JAQM1：5	圆牌饰	锡	直径 4.3、厚 0.2	完整
6	2020JAQM1：6	耳杯（腹）	漆		残
7	2020JAQM1：7	键（销轴）	铜	长 1.6、宽 1.6	残
8	2020JAQM1：8	盘	漆	口径 24、底径 11.7、高 3.5	修复
9	2020JAQM1：9	马镳	锡	长 15.2、宽 0.6～1.4	完整
10	2020JAQM1：10	耳杯	漆	口 13.1×10.3、底 7.7×4.75、高 4.2	修复
11	2020JAQM1：11	马衔	锡	长 12	完整
12	2020JAQM1：12	盖弓帽	锡	长 4.4、下端径 0.7	完整
13	2020JAQM1：13	马衔	锡	长 12	完整
14	2020JAQM1：14	马镳	锡	残长 6、宽 1.4	残
15	2020JAQM1：15	耳杯（耳）	漆	长 10.3	残
16	2020JAQM1：16	罐	陶	口径 11.6、底径 10.8、最大腹径 17.6、高 24.8	修复
17	2020JAQM1：17	马镳	锡	长 14.5、宽 0.6～1.5	残
18	2020JAQM1：18	马镳	锡	长 15、宽 0.6～1.7	残
19	2020JAQM1：19	构件	木	长 60	残
20	2020JAQM1：20	马衔	锡	长 12	完整
21	2020JAQM1：21	构件	木	长 59.2	残
22	2020JAQM1：22	镜	铜	直径 18.9	修复
23	2020JAQM1：23	耳杯（耳）	漆	长 7.6	残
24	2020JAQM1：24	衡末轭首	锡	残长 2.2、孔径 1.4	残
25	2020JAQM1：25	耳杯（腹）	漆		残
26	2020JAQM1：26	耳杯（腹）	漆		残

续附表一

序号	编 号	名称	质地	尺寸（厘米）	备注
27	2020JAQM1：27	盘	漆	口径 28、底径 7.7	残
28	2020JAQM1：28	鍪	铜		残
29	2020JAQM1：29	鍪	铜	长 5、圆环直径 1.8	略残
30	2020JAQM1：30	箱板	漆	残长 60、宽 6.4	残
31	2020JAQM1：31	箱板	漆	残长 58.2、宽 5.2	残
32	2020JAQM1：32	箱板	漆	残长 64.8、宽 7	残
33	2020JAQM1：33	箱板	漆	残长 37.6、宽 4	残
34	2020JAQM1：34	案足	漆	长 83、宽 16.8、厚 2.6	基本完整
35	2020JAQM1：35	案足	漆	残长 38.8、宽 17.6、厚 2.6	残
36	2020JAQM1：36	构件	木		残
37	2020JAQM1：37	耳杯（耳）	漆	长 10.3	残
38	2020JAQM1：38	耳杯（耳）	漆	长 10.3	残
39	2020JAQM1：39	钩心	铜	长 1.6、孔径 0.4、宽 1.5、厚 0.15	残
40	2020JAQM1：40	剑	铁	残长 7.6、宽 2.1、厚 1.1	残
41	2020JAQM1：41	罐	陶	口径 13.6、底径 12.4、最大腹径 24.5、高 28	修复
42	2020JAQM1：42	罐口沿	陶	口径 14、残高 10.2	修复
43	2020JAQM1：43	罐口沿	陶	口径 12.4、残高 4.9	修复
44	2020JAQM1：44	罐口沿	陶	口径 12、残高 7.2	修复
45	2020JAQM1D1：1	碗	青瓷	口径 8.5、底径 3.2、高 4.7	修复

附表二　M6 出土器物登记表

序号	编　　号	名称	质地	尺寸（厘米）	备注
1	2021JAQM6：1	镜	铜	直径 12.8	修复
2	2021JAQM6：2	盒	陶	盖径 18、高 5.4； 器身口径 18.1、底径 10.7、高 7.4	修复
3	2021JAQM6：3	甑	陶	口径 15.1、底径 9.2、高 11.6	修复
4	2021JAQM6：4	罐	陶	盖径 10.7、高 7.6； 器身口径 9.1、底径 10.9、最大腹径 18.7、通高 17.1	修复
5	2021JAQM6：5	罐	陶	盖径 12.2、高 8.5； 器身口径 8.9、底径 11、最大腹径 17.9、通高 18.5	修复
6	2021JAQM6：6	仓	陶	口径 22.9、底径 25.7、足径 3.5、足高 7.3、通高 30.9	修复
7	2021JAQM6：7	罐	陶	口径 8.7、底径 10.6、最大腹径 17、通高 17	修复
8	2021JAQM6：8	罐	陶	口径 19.7、底径 18.1、最大腹径 37.2、高 33.9	修复
9	2021JAQM6：9	钩	铁	长 11.8、宽 1.9、厚 0.5	修复
10	2021JAQM6：10	钩	铁	长 13、宽 2、厚 0.5	修复
11	2021JAQM6：11	钩	铁	长 12.4、宽 1.8、厚 0.4	修复
12	2021JAQM6：12	钩	铁	长 12.5、宽 2、厚 0.5	修复
13	2021JAQM6：13	环首刀	铁	残长 38、宽 3.6	残
14	2021JAQM6：14	环首刀	铁	长 16.2、环首宽 2.7、刀身宽 1.2	修复
15	2021JAQM6：15	砚板	骨	长 9.4、宽 5.4、厚 0.25	完整
16	2021JAQM6：16	环首刀	铁	长 19.4、环首宽 3.6、刀身宽 1.3	修复
17	2021JAQM6：17	棺钉	铁	长 9.7、宽 4.5	完整
18	2021JAQM6：18	研	陶	边长 3、厚 1.3； 研托长 3、厚 0.25	略残
19	2021JAQM6：19	环首刀	铁	残长 13.8、宽 1.6	残
20	2021JAQM6：20	环首刀	铁	残长 22.5、宽 1.9	残
21	2021JAQM6：21	剑	铁	剑身长 91.5、宽 3； 通长 99.5、格宽 4	修复
22	2021JAQM6：22	环首刀	铁	长 51、环首宽 4.5、刀身宽 2.6	修复
23	2021JAQM6：23	环首刀	铁	残长 11.7、宽 1.7	残
24	2021JAQM6：24	罐	陶	口径 9、底径 7、最大腹径 13、高 13.5	修复

续附表二

序号	编　号	名称	质地	尺寸（厘米）	备注
25	2021JAQM6：25	器盖	陶	口径 7、高 4.8	修复
26	2021JAQM6：26	罐	陶	底径 8、最大腹径 14.5、残高 10.7	残
27	2021JAQM6：27	仓	陶	口径 23、底径 19.5、足径 3、通高 28.4	修复
28	2021JAQM6：28	鼎	陶	口径 14.1、腹深 8.2、通高 18.5	修复
29	2021JAQM6：29	器盖	陶	口径 7.6、高 4.7	修复
30	2021JAQM6：30	筒瓦	陶	残长 21.7、残高 8.8、厚 1.4	残
31	2021JAQM6：31	板瓦	陶	残长 40、宽 27.5、厚 1.3	残
32	2021JAQM6：32	环首刀	铁	长 50.4、环首宽 4.5、刀身宽 2.5	修复

附表三　M7 出土器物登记表

序号	编　号	名称	质地	尺寸（厘米）	备注
1	2021JAQM7：1	罐	陶	口径 9、底径 7.1、最大腹径 12.1、高 9.1	略残
2	2021JAQM7：2	罐	陶	口径 9.2、底径 6.3、最大腹径 13.5、高 10.1	略残
3	2021JAQM7：3	罐	陶	口径 8、底径 6.3、最大腹径 9.2、高 6	修复
4	2021JAQM7：4	盒	陶	盖径 21.7、高 6.1； 器身口径 21、底径 14、高 8.5	修复
5	2021JAQM7：5	釜	铁	釜口径 23.6、高 18.9； 支架口径 22.4、高 18.6	修复
6	2021JAQM7：6	罐	陶	口径 7.7、底径 5.2、最大腹径 9.1、通高 6.3	修复
7	2021JAQM7：7	镜	铜	直径 15.8	完整
8	2021JAQM7：8	鼎	陶	盖径 14.8； 器身口径 14、通高 22.4、宽 18.8	修复
9	2021JAQM7：9	壶	陶	口径 13.6、底径 14.8、最大腹径 24.6、高 34.2	修复
10	2021JAQM7：10	耳珰	琉璃	长径 1.5、短径 1.1、孔径 0.15、高 2	完整
11	2021JAQM7：11	耳珰	琉璃	长径 1.5、短径 1.1、孔径 0.15、高 2	完整
12	2021JAQM7：12	环首刀	铁	长 25.3、环首宽 3.8、刀身宽 2.2	修复

附表四　M17 出土器物登记表

序号	编　　　号	名称	质地	尺寸（厘米）	备注
1	2021JAQM17：1	塞	玉	长径 1.4、短径 1.1、长 3.9	完整
2	2021JAQM17：2	片	玉	长 4.6、厚 0.42	完整
3	2021JAQM17：3	镜	铜	直径 10.3	修复
4	2021JAQM17：4	器足	铜	高 3.8	修复
5	2021JAQM17：5	罐	陶	口径 13.8、底径 14.6、最大腹径 24、高 20.6	修复
6	2021JAQM17：6	罐	陶	口径 14、底径 13.8、最大腹径 26、高 26.4	修复
7	2021JAQM17：7	塞	玉	长径 0.8、短径 0.7、长 3.0	完整

附表五　M24 出土器物登记表

序号	编　　　号	名称	质地	尺寸（厘米）	备注
1	2021JAQM24：1	壶	陶	口径 14、底径 16.8、最大腹径 30、高 35	修复
2	2021JAQM24：2	釜	陶	口径 19、底径 13、最大腹径 23.5、高 17.8	修复
3	2021JAQM24：3	钵	陶	口径 15.8、底径 11.8、最大腹径 16.2、高 9.3	修复
4	2021JAQM24：4	罐	陶	口径 8.9、底径 7.2、最大腹径 11.7、高 9.5	修复
5	2021JAQM24：5	簋	陶	口径 19.1、底径 13、高 11.4	修复
6	2021JAQM24：6	罐	陶	底径 7.6、最大腹径 15.2、残高 11.3	残
7	2021JAQM24：7	罐	陶	底径 6、最大腹径 11.2、残高 8	残
8	2021JAQM24：8	罐	陶	口径 10、底径 6.8、最大腹径 15.8、高 14.3	修复

附表六　M8 出土器物登记表

序号	编　　　号	名称	质地	尺寸（厘米）	备注
1	2020JAQM8：1	罐	陶	口径 11、底径 9.5、最大腹径 13.3、高 14.8	修复
2	2020JAQM8：2	罐	陶	口径 14.5、底径 13.6、最大腹径 22.5、高 26.8	修复

附录一　起凤山一号墓墓主人探析

李荣华　李娟　徐宏杰

（江西省文物考古研究院）

2019 年 8 月至 2020 年 12 月，江西省文物考古研究院对位于安福县城西北角约 1 千米的起凤山西汉墓群进行了发掘。墓群北靠陡峻的起凤山，南面由西向东蜿蜒流过的泸水河，东距安福县县政府驻地约 1800 米，西侧为南方水泥有限公司厂区。共清理西汉墓葬 5 座，其中起凤山一号墓和起凤山十七号墓为"甲"字形带阶梯式墓道的大型竖穴土坑木椁墓，面积分别为 96 和 65 平方米，其余 3 座为小型竖穴土坑木椁墓，面积约 10 ～ 20 平方米。时代均为西汉晚期[1]。两座大型墓均盗扰严重，残存器物不多。本文依据考古发现和相关文献资料，试对 M1 墓主人进行相关探讨。

一　墓葬时代

从墓葬形制看，该墓为甲字形竖穴土坑木椁墓，阶梯式墓道，近墓室处墓道底比墓室底高 0.22 米，外椁与坑壁之间用木炭和膏泥交替填塞，墓室底部铺垫木炭并使用地栿支撑椁室，这些结构特征与永州鹞子岭二号西汉墓[2]、长沙识字岭西汉墓（M3）[3]、南昌老福山西汉木椁墓[4]、莲花罗汉山西汉安成侯墓[5] 以及扬州"妾莫书"木椁墓[6] 相似。宋少华先生认为，长沙地区的西汉墓道与墓坑底部之间的高差具有年代指示意义，年代越往后高差逐渐缩小[7]，从一些已发表的考古报告看，湖南、广东、江西等南方地区的西汉墓都有这种特点。西汉时，安福处于长沙国和豫章郡的交界地带，是长沙国封地，自然受到长沙国影响。起凤山一号墓墓道底部已接近墓室底部，高差仅 0.22 米，说明该墓年代上限不会早于西汉中期。墓室内设置木柱，有意模仿地面建筑结构的形式。墓底枕木沟为纵向式三道。枕木上横置椁板。随葬品大多放置在墓室前半部，棺室则放置在墓室

[1]　江西省文物考古研究院、安福县博物馆：《江西安福起凤山一号西汉墓发掘简报》，《安福起凤山汉代墓葬发掘简报》，《南方文物》第6期。

[2]　湖南省文物考古研究所、永州市芝山区文物管理所：《湖南永州市鹞子岭二号西汉墓》，《考古》2001年第4期。

[3]　长沙市文物考古研究所：《湖南长沙识字岭西汉墓（M3）发掘简报》，《文物》2015年第10期。

[4]　江西省文物管理委员会：《江西南昌老福山西汉木椁墓》，《考古》1965年第6期。

[5]　江西省文物考古研究院、萍乡市莲花县文物办：《江西莲花罗汉山西汉安成侯墓》，上海古籍出版社，2017年。

[6]　扬州市博物馆：《扬州西汉"妾莫书"木椁墓》，《文物》1980年第12期。

[7]　宋少华：《西汉长沙国（临湘）中小型墓葬分期概论》，《考古耕耘录——湖南中青年考古学者论文选集》，岳麓书社，1999年；中国社会科学院考古研究所：《新中国考古的发现与研究》，文物出版社，1984年。

的后半部，这种"前堂后寝"的制度多在元成之际至新莽前后。

从随葬器物看，出土的漆耳杯，器内壁髹红漆，器外为黑底朱彩，耳部为铜釦鎏金及沿下饰勾连卷云纹，外腹绘凤鸟纹，与永州鹞子岭二号西汉墓所出漆耳杯极为相似；四神博局镜以博局和青龙、白虎、朱雀、玄武四神为主纹，圆纽，纽座方格外有"长宜子孙"铭文，宽云气纹缘，形态厚重，镜缘宽厚，线条流畅纤巧，图案错落繁复，其主要流行年代，大致为西汉后期至东汉前期[1]。出土的泥质红陶溜肩斜腹方格纹罐与江西高安碧落山西汉晚期墓[2]M1：1 和 M1：2 一致。出土的泥质灰硬陶方格纹罐与江西新余市城南西汉中晚期墓[3]中的 M：3 一致。墓葬中出土五铢钱，没有发现"大泉五十""货泉"等王莽时期的货币，说明下葬年代不会晚于新莽时期。

综上所述，该墓年代当为西汉晚期偏晚阶段。

二　墓葬级别

起凤山一号墓虽然盗扰严重，出土器物也不多，周边原来地貌也因生产生活等活动遭到严重破坏，没有发现祔葬坑、建筑基址（祠堂）、墓园墙、壕沟（界域）等设施，但从墓葬规模、结构、出土器物以及 1992 年在墓葬南部发现的祭祀坑[4]分析，墓葬规格很高。

从墓葬规模看，起凤山一号墓墓室南北长 12.1、东西宽 7.1 米，墓室面积约 86 平方米，如果加上墓道，总面积约 100 平方米。墓室面积虽不及 294 平方米的南昌西汉海昏侯刘贺墓[5]这种超大型列侯墓，但与湖南永州市鹞子岭西汉泉陵侯墓[6]、莲花罗汉山西汉安成侯墓[7]墓室面积相近。泉陵侯墓墓室东西长 10.3、南北宽 9.2 米，面积约 95 平方米；安成侯墓东西长 10.9、南北宽 8.9 米，面积约 97 平方米。

从椁室结构看，工艺较为复杂。椁室由木枋和木板构成内、外两重，呈"前堂后寝"结构。外椁底部为三道纵向式枕木，枕木安置在沟槽内。沟槽内用木炭和胶泥交替铺就七层垫土，然后再安置枕木。由于单根枕木不够长度，用一长一短进行榫接。为防潮湿，整个底部铺垫一层碎炭，在碎炭之上安置椁底板。前室横向铺二层底板，寝室横向铺三层底板。四周边缘用立木作为椁室的支撑。立木与坑壁之间的间隙用木炭与白膏泥自下而上交替填充，残存 26 层之多。东西两侧有分隔的外藏椁。内椁为寝室，位于墓室后部。东西两侧用木板和外椁后端挡板形成左、右、后三面闭合向墓门方向敞开的空间。椁顶覆盖数层植物纤维，然后再髹一层红漆，红漆之上铺一层木炭，木炭之上用多层黄土进行夯填，直至于墓室口，然后再用封土覆盖。棺置于内椁中部，面向墓口。

随葬车马明器、弩机构件钩心和键（销轴）、"东宫"漆盘等。所出漆器做工精细，纹饰精美，不少漆器上有贴金和鎏金工艺，耳杯均为铜釦涂金，在前室后部发现大量金箔，应该是漆器上的贴金。这些出土器物反映出墓主身份的高贵与特殊。

[1]　傅举有：《论秦汉时期的博具、博戏兼及博局纹饰》，《考古学报》1986年第1期。

[2]　江西省文物考古研究所、江西省高安市博物馆：《江西高安碧落山西汉墓》，《南方文物》2002年第2期。

[3]　徐若华：《江西新余发现西汉墓》，《南方文物》2005年第4期。

[4]　周文安：《安福县文化广播电视新闻出版志》，安新出内准字第2016（01）号，2016年12月第一版。

[5]　江西省文物考古研究所、南昌市博物馆、南昌市新建区博物馆：《南昌市西汉海昏侯墓》，《考古》2016年第7期。

[6]　湖南省文物考古研究所、永州市芝山区文物管理所：《湖南永州市鹞子岭二号西汉墓》，《考古》2001年第4期。

[7]　江西省文物考古研究院、萍乡市莲花县文物办：《江西莲花罗汉山西汉安成侯墓》，上海古籍出版社，2017年。

综上所述，起凤山一号墓当为列侯级别。

三 墓主人探索

虽然没有发现能够明确墓主人身份的玉印或金印，但墓葬规模、形制、出土器物都指向墓主人应为列侯身份，结合相关文献，墓主人应为安平侯墓。

根据《史记·建元已来王子侯者年表》[1] 和《汉书·王子侯表》[2] 记载，元光六年（公元前129年）七月乙巳，长沙定王封其次子刘苍为思侯，封地在安成（西汉时为安福地域），称"安成侯国"。刘苍死后，其子刘自当于元鼎元年（公元前116年）继位，为第二代安成节侯。刘自当死后，其子刘寿光继承爵位，宣帝五凤二年（公元前56年），坐与姊乱，下狱病死，爵位被除，侯国除为县，属豫章郡。三代安成侯共袭爵位73年。2007年在莲花县县城罗汉山发现了一座大型木椁墓[3]，出土了"安成侯印"铭文龟纽金印，证实了该墓葬为安成侯墓，发掘者认为应该为第一代安成侯刘苍墓，说明安成侯墓园在莲花县城罗汉山一带，起凤山一号墓距罗汉山七十余千米，相互之间的距离过于遥远，可以排除安成侯的可能性。

《汉书·王子侯表》载"安平釐侯习，长沙孝王子，三月封。侯嘉嗣，免。巨鹿"。周振鹤先生认为表中"长沙孝王子"有误，当改为"剌王子"，表中"巨鹿"有误，当取《汉书·地理志》中的"豫章"，书中地图二十《长沙王封域变迁示意图》中表明安平侯封地在安成侯国之东，今安福境内。周振鹤先生认为"安平封于安城与茶陵之后，地望应在两县之西，今反在其东，疑亦易地所致"[4]，马孟龙认为《表》注"巨鹿"当是"桃侯"下注衍抄，地望在今安福县东南六十里[5]。谭其骧先生认为，西汉中晚期今安福县严田镇以西为安成侯封地，严田镇以东为安平侯封地[6]。上述记载与相关研究成果表明，元帝初元元年（公元前48年）三月，元帝封长沙剌王子刘习为安平侯，谥号釐侯，刘习死后，其子刘嘉即安平侯位，王莽篡位后被除国。封地在安成侯国东面的安平县，称"安平侯国"。起凤山一号墓所在区域在严田镇以东，属安平侯封地，当与安平侯有关无疑。

虽然史料中并未详细记载第一代安平侯的薨年和第二代安平侯的在位及薨年时间，但从第二代安平侯在王莽建立新朝后才被除国，可以推断出第二代安平侯在除国前仍在世，第一代安平侯的下葬年代应该在元帝初元元年（公元前48年）至王莽新朝之间，第二代安平侯下葬年代应在新莽之后，结合前文提到墓中没有发现"大泉五十""货泉"等王莽时期的货币，说明下葬年代在新莽之前，据此判断墓主当为第一代安平侯釐侯刘习。

[1] 〔汉〕司马迁：《史记》，中华书局，1982年。

[2] 〔汉〕班固：《汉书》，中华书局，2005年。

[3] 江西省文物考古研究院、萍乡市莲花县文物办：《江西莲花罗汉山西汉安成侯墓》，上海古籍出版社，2017年。

[4] 周振鹤：《西汉政区地理》，人民出版社，1987年。

[5] 马孟龙：《西汉侯国地理》，上海古籍出版社，2021年。

[6] 谭其骧：《中国历史地图集》，中国地图出版社，1982年。

附录二　起凤山汉墓出土铜器的科技考古与保护修复

李文欢

（江西省文物考古研究院）

　　起凤山汉墓位于吉安市安福县城西北约 1 千米的平都镇枫林村彭家起凤山南侧山岗上。2019年 8 月，在修环城公路时被发现，9 月，江西省文物考古研究院对墓葬进行了抢救性考古发掘，对编号为 M1 的主墓开始布方、发掘，并对周围同时期的其他墓葬开展发掘。

　　经考证，M1 的墓主人可能为西汉晚期的第一代安平侯刘习或其夫人，这为铜器的保护修复与复原研究提供了极具参考价值的时代信息。因墓葬在历史上遭受严重盗掘，随葬文物残损较重、分布散乱，出土的铜器多为残器、残件，保存状况极差，有鉴于此，文物保护工作同期开展。除M1 外，M7、M17 等同时期墓葬均有铜器残件出土。

　　为有效保护这批珍贵文物，最大程度保存文物信息，并有利于后期文物的博物馆展陈，江西省文物考古研究院科技考古与文物保护中心对起凤山汉墓 M1、M7、M17 出土铜器进行保护修复，并开展科技考古。现将有关情况介绍如下。

一　M1 出土博局镜的修复

（一）文物基本信息与科技检测

　　起凤山 M1 出土青铜镜 M1：37，M1：37 为随藏品出土时的器物号，整理时部分器物销号，重新给号，该铜镜定为 M1：22。破碎直径约 18.9 厘米，厚 0.21～1.2 厘米，保护修复前重 824 克。断裂严重，分为 19 个碎块，经拼合后基本完整，有微小变形和少量缺失。镜面呈圆形。镜背圆形钮，可分为内外两区，均有纹饰，依稀可辨认有柿蒂纹、乳丁纹、博局纹等。镜面、背均锈蚀较重，为黄色锈蚀与灰褐色锈蚀，有表面硬结物和附着物。文物出土后存放于起凤山汉墓考古发掘工地文物保护用房，保存环境温湿度适宜，并做现场应急保护处理。

　　为有效记录文物情况与病害信息，特绘制文物病害图。肉眼观察铜镜基体和锈蚀产物，对腐蚀的分布状况及位置进行测绘，并记录文物的腐蚀残损状况，对文物进行整体和局部摄影，保留原始的图像信息，评估文物的病害程度，绘制病害图。从铜镜表面形态看，主要病因有残缺、表面硬结物、断裂等。铜镜现状病害图如下所示（图 1）。

　　为切实有效保护文物，确认铜镜表面锈蚀性质，为下一步修复提供科学依据。对铜镜的黄色

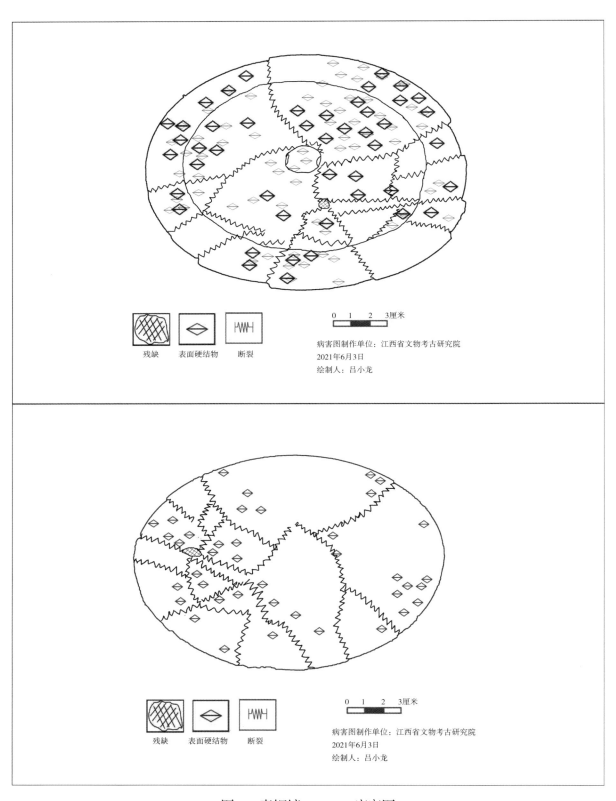

图 1 青铜镜 M1 : 22 病害图

锈蚀与灰褐色锈蚀分别进行取样，并开展硝酸银定性分析。

样品①：粉末状，黄色，取样于器物铜镜表面（图2）。

用洗瓶沿试管内壁冲洗后，将样品放置在 10ml 的试管内，加入 2～3ml 6mol HNO₃，酸化数分钟后样品大部分溶解，浑浊；颜色变为绿色，定性滤纸过滤后，溶液为浅绿色，清澈透明；滴入 0.1mol AgNO₃ 一至二滴后，溶液清澈，未检测出氯离子，此种锈蚀不是有害锈蚀，因此，器物无有害锈蚀。

样品②：粉末状。灰褐色，取样于器物铜镜表面（图2）。

用洗瓶沿试管内壁冲洗后，将样品放置在 10ml 的试管内，加入 2～3ml 6mol HNO₃，酸化数分钟后样品大部分未溶解，浑浊；颜色变为黄铜色，定性滤纸过滤后，溶液为黄铜色，清澈透明；

铜镜锈蚀取样处

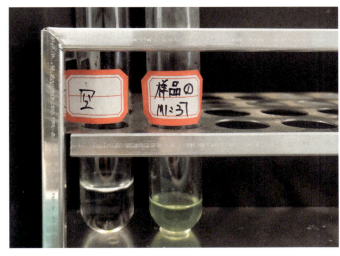

样品①硝酸银定性分析检测图

样品②硝酸银定性分析检测图

图 2　取样及检测

滴入 0.1mol AgNO₃ 一至二滴后，溶液清澈，未检测出氯离子，此种锈蚀不是有害锈蚀，因此，器物无有害锈蚀。

（二）保护修复具体步骤

根据初步观察与科学实验结果，制定可行性保护修复计划。坚持"修旧如旧"原则，在确保文物安全的前提下，根据铜镜的保存状况及病害分析结果，制定文物保护修复方案，并采集修复前的影像资料、记录文物保存现状。

保护修复操作分以下几个步骤进行：清除表面硬结物，拼对，焊接、黏接、补配，打磨，缓蚀，封护，做旧。具体情况如下。

1. 清除表面硬结物

此件铜镜受埋藏环境影响，出土后铜镜断裂为 19 块，有微小变形，且有少量缺失。先对铜镜进行清理锈蚀，使用竹签、手术刀、洁牙机等工具相结合除锈，对于铜镜纹饰部位的锈蚀和附着物能清理的尽量清理，针对特别坚硬的锈蚀，采用化学方法和物理方法相结合除锈（图 3）。

手术刀清理锈蚀　　　　　　　　　　　　　洁牙机除锈

图 3　除锈

先使用竹刀轻轻剔除铜镜表面的大块土锈，用去离子水清洗铜镜，再用毛刷刷去附着物，然后使用冷风机强制干燥。接着用细小的竹刀剔除纹饰缝隙处的附着物（纹饰特别精细，剔除锈蚀时需谨慎、细心）。经过几次反复地剔除，铜镜表面的锈蚀基本已经清理出来，纹饰也显露出来了。接着用去离子水继续清洗铜镜，再用毛刷刷去表面的残留物质，最后用冷风机强制烘干。

2. 拼对

清理完锈蚀后，先对器物进行预拼接，由于器物断裂为 19 块，先将大块拼对，接着再拼对小块，根据残片的纹饰、薄厚、锈蚀颜色拼对，大致将铜镜拼对起来，发现铜镜残缺一小块，其他部位完整，微小部位有些变形，且中间部位很薄，接触面很小。针对这种状况，我们修复时可能需要锡焊接和环氧树脂胶黏接相结合使用。先用打磨机在铜镜无纹饰的部位打磨焊口，打磨成"V"字形，然后等待焊接（图 4）。

拼对残片

打磨焊口

图 4 拼对过程

3. 焊接、黏接、补配

将电烙铁加热后，使用助焊剂和锡条焊接，将铜镜的大块残片拼对，拼对断口，使用电烙铁焊接，几分钟后焊接完成，接着再拼对其他残片，逐步焊接。其他部位小残片，拼对好后，使用安特固环氧树脂胶黏接，黏接时也注意残片之间的衔接，纹饰是否拼对完整，铜镜的薄厚是否错位等等。若遇到断裂部位较长，可以先使用 401 胶临时固定，然后再使用安特固环氧树脂胶黏接。残缺部位也使用安特固环氧树脂补配（图 5）。

文物焊接黏接完成后，需在溶液里浸泡，溶解中和焊接时使用的助焊剂。将铜镜浸泡入 pH 为 8 的氢氧化钠溶液里（中和焊接时助焊剂中含有氯离子对器物的腐蚀），2 小时后将器物取出后用纯净水清洗，直至 pH 试纸测试溶液呈中性为止，然后强制烘干。

4. 打磨

焊接补配完成的铜镜表面有缝隙需要溜缝补配，使用安特固环氧树脂胶溜缝，等待环氧树脂胶完全固化，再进行雕刻、打磨。先使用微型打磨机，打磨掉多余的锡和树脂胶（如遇有纹饰部位，

电烙铁焊接

401胶临时固定

图 5 焊接、黏接、补配过程

手术刀剔除树脂胶　　　　　　　　　　　砂纸打磨

图6　打磨过程

缓蚀　　　　　　　　　　　　　　　　封护

图7　缓蚀与封护

需錾刻纹饰），然后再使用粗砂纸打磨，最后再用细砂纸打磨（图6）。

5. 缓蚀

用配置好的缓蚀剂3%的苯骈三氮唑无水乙醇溶液（BTA）涂刷器物，涂刷完成后，自然干燥，待溶液发挥完毕后，二次涂刷，继续自然干燥，再次待溶液发挥完毕后，观察是否出现白色针状物质，如有，则用无水乙醇擦拭白色物质（图7）。

6. 封护

同缓蚀方法相同，将配置好的3% Paraloid B72丙酮溶液对器物封护，涂刷器物，取出后自然干燥，接着二次Paraloid B72丙酮溶液涂刷器物，继续自然干燥；等待完全干燥后，观察器物表面是否有未溶解的Paraloid B72，如有，则用丙酮擦拭（图7）。

金属文物封护的目的是将器物与外界空气中的水分隔离，形成一层透明的保护膜，使得器物不再受外界环境的侵蚀，存放的环境更加适宜，利于青铜器的稳定保存。

7. 做旧

一般做旧的方法是根据器物的锈蚀状况，用无水乙醇溶液调配虫胶漆皮通过点、拨、弹、涂

作色（弹、拨）

作色（点、涂）

图 8　上色

等方法进行上色处理（图 8）。

　　在铜镜补配处上色前，涂刷一层漆片，等待晾干，然后依据器物的底色，逐层上色，每一层上色前都必须等前一层的着色完全干透，这样是为了避免锈层之间的锈色融合在一起，影响上色的层次感。等待底色做好后，再依据器物的层次感色彩，用漆皮调配各种矿物颜料上色，用鬃毛笔和调粉刀通过点、拨、弹方法上色，这样做出来的随色效果比较逼真、自然，有时候着色时稍做随色，可以留些修复痕迹，让后人有辨识性。

　　修复保护完成后再次测量尺寸、重量、拍照等各种信息的采集。

　　经过以上七个步骤，文物面貌焕然一新。经观察，镜背可分为内外两区，均有纹饰。正中为圆形纽，纽孔半圆形，可穿系。纽外依次为柿蒂纹、小乳丁纹、博局纹。博局纹间杂有连弧乳丁纹、龙纹、鸟纹。内外区间以栉齿纹相隔。外区为三角纹和龙纹（图 9）。这面铜镜经过修复，纹饰清晰精美，达到了展陈要求。

图 9　修复完成效果

二　M7 出土博局镜的修复

（一）文物基本信息与科技检测

起凤山 M7 出土青铜镜 M7∶7，直径为 15.8 厘米，边沿厚 0.609 厘米，保护修复前重 648.9 克。此件铜镜基本完整，器物表面有硬结物、土壤附着物以及锈迹存在，纽部有表层脱落迹象。文物出土后存放于起凤山汉墓考古发掘工地文物保护用房，保存环境温湿度适宜，并做现场应急保护处理。

为有效记录文物情况与病害信息，特绘制文物病害图。肉眼观察铜镜基体和锈蚀产物，对腐蚀的分布状况及位置进行测绘，并记录文物的腐蚀状况，对文物进行整体和局部摄影，保留原始的图像信息，评估文物的病害程度，绘制病害图。从铜镜表面形态看，器物基本完整，无残缺。主要病因有表面硬结物和附着物（图 10）。

为切实有效保护文物，确认铜镜表面锈蚀性质，为下一步修复提供科学依据。对铜镜的黄色锈蚀与灰褐色锈蚀分别进行取样，并开展硝酸银定性分析。

样品①：粉末状，土黄色，取样于器物铜镜表面。

将样品放置在 10ml 的试管内，用滴管加入 2～3ml 6mol HNO$_3$ 于试管中，酸化数分钟后样品大部分溶解，浑浊；颜色变为黄色，定性滤纸过滤后，溶液为琥珀色，清澈透明；滴入 0.1mol AgNO$_3$ 一至二滴后，溶液清澈，未检测出氯离子，此种锈蚀不是有害锈蚀，因此，器物无有害锈蚀。

样品②：粉末状。黄褐色，取样于器物铜镜表面。

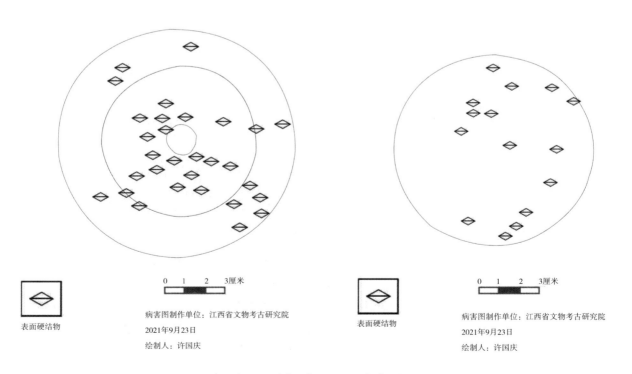

表面硬结物　　　　　　病害图制作单位：江西省文物考古研究院　　　　　表面硬结物　　　　　　病害图制作单位：江西省文物考古研究院
　　　　　　　　　　　　2021年9月23日　　　　　　　　　　　　　　　　　　　　　　　　　2021年9月23日
　　　　　　　　　　　　绘制人：许国庆　　　　　　　　　　　　　　　　　　　　　　　　　绘制人：许国庆

图 10　青铜镜 M7∶7 病害图

用洗瓶沿试管内壁冲洗后，将样品放置在10ml的试管内，加入2～3ml 6mol HNO₃，酸化数分钟后样品大部分未溶解，浑浊；颜色变为黄褐色，定性滤纸过滤后，溶液为琥珀色，清澈透明；滴入0.1mol AgNO₃一至二滴后，溶液清澈，未检测出氯离子，此种锈蚀不是有害锈蚀，因此，器物无有害锈蚀。

（二）保护修复具体步骤

根据初步观察与科学实验结果，制定可行性保护修复计划。坚持"修旧如旧"原则，在确保文物安全的前提下，根据铜镜的保存状况及病害分析结果，制定文物保护修复方案，并采集修复前的影像资料、记录文物保存现状。

保护修复操作分以下几个步骤进行：清除表面硬结物，缓蚀，封护。具体情况如下。

1. 清除表面硬结物

此件铜镜受埋藏环境影响，表面硬结物与土壤附着物较多。先对铜镜进行清理锈蚀，使用竹签、棉棒、手术刀等工具相结合除锈，对于铜镜纹饰部位的锈蚀和附着物能清理的尽量清理，针对特别坚硬的锈蚀，采用化学方法和物理方法相结合除锈。

先使用竹刀轻轻剔除铜镜表面的大块土锈，用去离子水清洗铜镜，再用毛刷刷去附着物，然后使用冷风机强制干燥。接着用细小的竹刀剔除纹饰缝隙处的附着物（纹饰特别精细，剔除锈蚀时需谨慎、细心）。经过几次反复地剔除，铜镜表面的锈蚀基本已经清理出来，纹饰也显露出来了。接着用去离子水清洗铜镜，再用毛刷刷去表面的残留物质，最后用冷风机强制烘干（图11）。

竹刀清除大块土锈

手术刀清理硬结物

竹签清除附着物

去离子水清洗

冷风机强制烘干

图11 清除表面硬结物

缓蚀   封护

图 12   缓蚀

2. 缓蚀

用配置好的缓蚀剂 3% 的苯骈三氮唑无水乙醇溶液（BTA）涂刷器物，涂刷完成后，自然干燥，待溶液发挥完毕后，二次涂刷，继续自然干燥，再次待溶液发挥完毕后，观察是否出现白色针状物质，如有，则用无水乙醇擦拭白色物质（图 12）。

3. 封护

同缓蚀方法相同，将配置好的 3% Paraloid B72 丙酮溶液对器物封护，涂刷器物，取出后自然干燥，接着二次 Paraloid B72 丙酮溶液涂刷器物，继续自然干燥；等待完全干燥后，观察器物表面是否有未溶解的 Paraloid B72，如有，则用丙酮擦拭。

金属文物封护的目的是将器物与外界空气中的水分隔离，形成一层透明的保护膜，使得器物不再受外界环境的侵蚀，存放的环境更加适宜，利于青铜器的稳定保存。

修复保护完成后再次进行测量尺寸、重量、拍照等各种信息的采集。

经过以上三个步骤，文物面貌焕然一新。经观察，镜背可分为内外两区，均有纹饰。正中为圆形纽，纽孔半圆形，可穿系。纽外依次为圆点纹、博局纹。博局纹间杂有柿蒂乳丁纹、龙纹、鸟纹。内区边沿有一圈铭文，首尾两字间以点间隔"诏容貌，身命全，见衣服，好可观，宜佳人，心意欢，长于志，固常然"。内外区间以栉齿纹相隔。外区为三角纹和虺纹（图 13）。这面铜镜经过修复，纹饰清晰精美，铭文清楚可识，达到了展陈要求。

图 13   修复完成效果

三　M17 出土铜镜的修复

（一）文物基本信息与科技检测

起凤山 M17 出土连弧纹铜镜 M17：3，破碎直径约 10.3 厘米，厚 0.21 ～ 0.4 厘米，保护修复前重 148.8 克。断裂严重，分为 14 个碎块，经拼合后基本完整，有少量缺失（图 14）。镜面呈圆形，表面矿化严重。镜背圆形纽，可分为内外两区，仅内区有纹饰，依稀可辨认出连弧纹、铭文等。镜面、背均锈蚀较重，为黄色锈蚀与灰褐色锈蚀，有表面硬结物和附着物。文物出土后存放于起凤山汉墓考古发掘工地文物保护用房，保存环境温湿度适宜，并做现场应急保护处理。

图 14　M17：3 修复前

为有效记录文物情况与病害信息，特绘制文物病害图。肉眼观察铜镜基体和锈蚀产物，对腐蚀的分布状况及位置进行测绘，并记录文物的腐蚀残损状况，对文物进行整体和局部摄影，保留原始的图像信息，评估文物的病害程度，绘制病害图。从铜镜表面形态看，主要病因有残缺、表面硬结物、断裂等。

为切实有效保护文物，确认铜镜表面锈蚀性质，为下一步修复提供科学依据。对铜镜的黄色锈蚀与灰褐色锈蚀分别进行取样，并开展硝酸银定性分析（图 15）。

样品①：块状，棕灰色，取样于器物铜镜表面。

用洗瓶沿试管内壁冲洗后，将样品放置在 10ml 的试管内，加入 2 ～ 3ml 6mol HNO_3，酸化数分钟后样品大部分溶解，浑浊；颜色变为棕色，定性滤纸过滤后，溶液为琥珀色，清澈透明；滴入 0.1mol $AgNO_3$ 一至二滴后，溶液清澈，未检测出氯离子，此种锈蚀不是有害锈蚀，因此，器物无有害锈蚀。

样品②：粉末状。灰黑色，取样于器物铜镜表面。

用洗瓶沿试管内壁冲洗后，将样品放置在 10ml 的试管内，加入 2 ～ 3ml 6mol HNO_3，酸化数分钟后样品大部分未溶解，浑浊；颜色变为棕灰色，定性滤纸过滤后，溶液为黄铜色，清澈透明；滴入 0.1mol $AgNO_3$ 一至二滴后，溶液清澈，未检测出氯离子，此种锈蚀不是有害锈蚀，因此，器

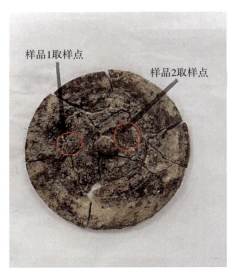

图 15　铜镜锈蚀取样图

物无有害锈蚀。

样品③：粉末状。青色，取样于器物铜镜表面。

用洗瓶沿试管内壁冲洗后，将样品放置在 10ml 的试管内，加入 2～3ml 6mol HNO_3，酸化数分钟后样品大部分未溶解，浑浊；颜色变为灰绿色，定性滤纸过滤后，溶液为绿色，清澈透明；滴入 0.1mol $AgNO_3$ 一至二滴后，溶液清澈，未检测出氯离子，此种锈蚀不是有害锈蚀，因此，器物无有害锈蚀。

（二）保护修复具体步骤

根据初步观察与科学实验结果，制定可行性保护修复计划。坚持"修旧如旧"原则，在确保文物安全的前提下，根据铜镜的保存状况及病害分析结果，制定文物保护修复方案，并采集修复前的影像资料、记录文物保存现状。

保护修复操作分以下几个步骤进行：清除表面硬结物，拼对，黏接，缓蚀，封护。具体情况如下。

1. 清除表面硬结物

此件铜镜受埋藏环境影响，出土后铜镜断裂为 14 块，且有少量缺失。先对铜镜进行清理锈蚀，使用竹签、手术刀等工具相结合除锈，对于铜镜纹饰部位的锈蚀和附着物能清理的尽量清理，针对特别坚硬的锈蚀，采用化学方法和物理方法相结合除锈。

先使用竹刀轻轻剔除铜镜表面的大块土锈，用去离子水清洗铜镜，再用毛刷刷去表面附着物，然后使用冷风机强制干燥。接着用细小的竹刀剔除纹饰缝隙处的附着物（纹饰特别精细，剔除锈蚀时需谨慎、细心）。经过几次反复地剔除，铜镜表面的锈蚀基本已经清理出来，纹饰也显露出来了。接着用去离子水继续清洗铜镜，再用毛刷刷去表面的残留物质，最后用冷风机强制烘干。仍有部分表面硬结物无法清除，留待黏接加固后清除。

2. 拼对

清理完锈蚀后，先对器物进行预拼接，由于器物断裂为14块，先将大块拼对，接着再拼对小块，根据残片的纹饰、薄厚、锈蚀颜色拼对，大致将铜镜拼对起来，发现铜镜残缺一小块，其他部位完整，微小部位有些变形，且中间部位很薄，接触面很小。针对这种状况，我们修复时需要环氧树脂胶黏接。

3. 黏接

将铜镜的大块残片拼对，拼对断口，接着再拼对其他残片。其他部位小残片，拼对好后，使用安特固环氧树脂胶黏接，黏接时也注意残片之间的衔接，纹饰是否拼对完整，铜镜的薄厚是否错位等等。若遇到断裂部位较长，可以先使用406胶临时固定，然后再使用安特固环氧树脂胶黏接。残缺部位也使用安特固环氧树脂胶补配。

完成的铜镜表面有缝隙需要溜缝补配，使用安特固环氧树脂胶溜缝，等待环氧树脂胶完全固化，再进行雕刻、打磨。并对之前未清除表面硬结物进行清除。

4. 缓蚀

用配置好的缓蚀剂3%的苯骈三氮唑无水乙醇溶液（BTA）涂刷器物，涂刷完成后，自然干燥，待溶液发挥完毕后，二次涂刷，继续自然干燥，再次待溶液发挥完毕后，观察是否出现白色针状物质，如有，则用无水乙醇擦拭白色物质。

5. 封护

同缓蚀方法相同，将配置好的3% Paraloid B72丙酮溶液对器物封护，涂刷器物，取出后自然干燥，接着二次Paraloid B72丙酮溶液涂刷器物，继续自然干燥；等待完全干燥后，观察器物表面是否有未溶解的Paraloid B72，如有，则用丙酮擦拭。

金属文物封护的目的是将器物与外界空气中的水分隔离，形成一层透明的保护膜，使得器物不再受外界环境的侵蚀，存放的环境更加适宜，利于青铜器的稳定保存。

一般做旧的方法是根据器物的锈蚀状况，用无水乙醇溶液调配虫胶漆皮通过点、拨、弹、涂等方法进行上色处理。

在铜镜补配处上色前，涂刷一层漆片，等待晾干后，然后依据器物的底色，逐层上色，每一层上色前都必须等前一层的着色完全干透，这样是为了避免锈层之间的锈色融合在一起，影响上色的层次感。等待底色做好后，再依据器物的层次感色彩，用漆皮调配各种矿物颜料上色，用鬃毛笔和调粉刀通过点、拨、弹方法上色，这样做出来的随色效果比较逼真、自然，有时候着色时稍做随色，可以留些修复痕迹，让后人有辨识性。

修复保护完成后再次测量尺寸、重量、拍照等各种信息的采集。

经过以上五个步骤，文物面貌焕然一新。经观察，镜背可分为内外两区，仅内区有纹饰。正中为圆形纽，纽孔半圆形，可穿系。纽外依次为连弧纹、镜铭。内外区间以栉齿纹相隔。外区未见纹饰。这面铜镜经过修复，纹饰清晰精美，达到了展陈要求（图16）。

图 16　修复后效果

四　M17 出土鎏金铜器足

（一）文物基本信息与科技检测

起凤山 M17 出土鎏金铜器足 M17：4，保护修复前高约 3.8 厘米，重 21.5 克。此件铜器断裂为 4 块，但基本可以拼合，器物表面锈蚀、矿化，表层鎏金有部分脱落。文物出土后存放于起凤山汉墓考古发掘工地文物保护用房，保存环境温湿度适宜，并做现场应急保护处理。

为有效记录文物情况与病害信息，特绘制文物病害图。肉眼观察铜器基体和锈蚀产物，对腐蚀的分布状况及位置进行测绘，并记录文物的腐蚀状况，对文物进行整体和局部摄影，保留原始的图像信息，评估文物的病害程度，绘制病害图。从铜器表面形态看，器物基本完整，主要病因有表面硬结物和附着物。铜器病害如图所示（图 17）。

为切实有效保护文物，确认铜器表面锈蚀性质，为下一步修复提供科学依据。对铜器的黄色

图 17　鎏金铜器足病害图

取样点

图18　鎏金铜器足锈蚀取样图

锈蚀与灰褐色锈蚀分别进行取样，并开展硝酸银定性分析（图18）。

样品：块状，黄色，取样于断裂部位上的土样。

用洗瓶沿试管内壁冲洗后，将样品放置在10ml的试管内，加入2～3ml 6mol HNO₃，酸化数分钟后样品大部分溶解，浑浊；颜色变为土色，定性滤纸过滤后，溶液为无色，清澈透明；滴入0.1mol AgNO₃一至二滴后，溶液清澈，未检测出氯离子，此种锈蚀不是有害锈蚀，因此，器物无有害锈蚀。

（二）保护修复具体步骤

根据初步观察与科学实验结果，制定可行性保护修复计划。坚持"修旧如旧"原则，在确保文物安全的前提下，根据铜镜的保存状况及病害分析结果，制定文物保护修复方案，并采集修复前的影像资料、记录文物保存现状。

保护修复操作分以下几个步骤进行：除锈，黏接，缓蚀，封护，做旧。具体情况如下。

1.除锈

此件器物受埋藏环境影响，出土后文物断裂为4块，有微小变形，且有少量缺失。先对器物进行清理锈蚀，使用竹签、手术刀等工具相结合除锈，对于附着物能清理的尽量清理，针对特别坚硬的锈蚀，采用化学方法和物理方法相结合除锈。

先使用竹刀轻轻剔除铜镜表面的大块土锈，用去离子水清洗铜镜，文物放入去离子水后大部分泥土自然溶解，再用毛刷刷干净文物，然后使用冷风机强制干燥。接着用细小的竹刀剔除附着物，对于坚固附着物使用EDTA进行敷盖，一段时间后用竹刀剔除附着物。接着用去离子水继续清洗铜镜，再用毛刷刷去表面的残留物质，最后用冷风机强制烘干。

2.黏接

清理完锈蚀后，先对器物进行预拼接。由于文物已完全矿化，所以先用406胶固定，根据兽身、兽脸、兽耳的器形进行黏接，再使用环氧树脂胶填补缝隙与残缺。

黏接补配完成的文物表面有缝隙需要溜缝补配，使用安特固环氧树脂胶溜缝，等待环氧树脂胶完全固化，再进行雕刻、打磨。

先使用手术刀剔除树脂胶（如遇有纹饰部位，需錾刻纹饰），然后再使用粗砂纸打磨，最后再用细砂纸打磨。

3. 缓蚀

用配置好的缓蚀剂3%的苯骈三氮唑无水乙醇溶液（BTA）涂刷器物，涂刷完成后，自然干燥，待溶液发挥完毕后，二次涂刷，继续自然干燥，再次待溶液发挥完毕后，观察是否出现白色针状物质，如有，则用无水乙醇擦拭白色物质。

4. 封护

同缓蚀方法相同，将配置好的3%Paraloid B72丙酮溶液对器物封护，涂刷器物，取出后自然干燥，接着二次Paraloid B72丙酮溶液涂刷器物，继续自然干燥；等待完全干燥后，观察器物表面是否有未溶解Paraloid B72，如有，则用丙酮擦拭。

金属文物封护的目的是将器物与外界空气中的水分隔离，形成一层透明的保护膜，使得器物不再受外界环境的侵蚀，存放的环境更加适宜，利于文物的稳定保存。

5. 做旧

一般做旧的方法是根据器物的锈蚀状况，用无水乙醇溶液调配虫胶漆皮通过点、拨、弹、涂等方法进行上色处理。

修复保护完成后再次测量尺寸、重量、拍照等各种信息的采集。经过以上五个步骤，文物面貌焕然一新。

五　余论

铜镜是汉代重要的日常用品，也是汉墓中最常见的陪葬铜器，对汉墓的断代具有重要的意义。此次起凤山汉墓群出土的博局纹镜，纹饰精美、铭文清晰，是江西地区西汉晚期的重要断代文物，对本地其他汉墓的断代具有标型意义。博局纹是流行于西汉中晚期的重要纹饰，其来源为汉代游戏"六博"。博局纹镜在江西吉安地区的第一代安平侯刘习或其夫人墓中出土，证明了六博游戏及其附带纹饰在汉代高级贵族间的流行情况。鎏金铜器足是漆器上的配件，因漆木为有机质文物，容易腐朽，但熊足为金属器物可以留存，证明在该墓中随葬有高等级漆器，可能为樽。经过文物保护修复，这四件铜器焕然一新，达到了展陈要求，必能为博物馆后续展览提供重要展品。

附录三　起凤山汉墓出土漆耳杯的
保护修复与复原研究

吴振华

（江西省文物考古研究院）

　　起凤山汉墓位于吉安市安福县城西北约 1 千米的平都镇枫林村彭家起凤山南侧山岗上。2019年 8 月，在修环城公路时被发现。9 月，江西省文物考古研究院对墓葬进行了抢救性考古发掘，对编号为 M1 的主墓开始布方、发掘。因墓葬在历史上遭受严重盗掘，随葬文物残损较重、分布散乱，出土的漆木器均为残器、残件、漆皮，保存状况极差，有鉴于此，文物保护工作同期开展。

　　编号 M1 的主墓出土了西汉时期漆器文物十余件，残损较重，多为夹纻胎，少部分为斫制木胎。经辨认，器形主要有耳杯、盘、箱、案足等。此外，还出土有贴花金箔等，说明随葬时有金箔贴花漆器等精美漆器。经考证，墓主人可能为西汉晚期的第一代安平侯刘习或其夫人，为漆器的保护修复与复原研究提供了极具参考价值的时代信息。

　　为有效保护这批珍贵文物，最大程度保存文物信息，并有利于后期文物的博物馆展陈，江西省文物保护考古研究院科技考古与文物保护中心对起凤山汉墓 M1 出土漆耳杯进行保护修复与复原研究，考虑到文物的出土与研究情况，并结合后续展陈需要，特选取漆耳杯进行保护与复原。现将有关情况介绍如下。

一　出土漆耳杯概括

　　起凤山 M1 未见漆耳杯完整器，多为耳杯的残器、残件，文物的保护修复难度较大。经辨认，下列文物为漆耳杯的漆皮或配件。

　　M1：4，釦耳（四只）。四只杯耳，夹纻胎。表髹黑漆，耳下用朱漆绘云气纹，耳上有一铜釦，表面略见鎏金痕迹。长 7.5、宽 1.3 厘米（图 1）。漆皮碎片十块，斫制木胎。表修黑漆，用朱漆绘纹饰，纹饰断续不完整。里髹朱漆（图 2）。

　　M1：6，漆皮。裂为四块，经拼合后图像较完整，为耳杯一侧耳部旁边的漆皮。未见胎骨，因漆皮脱落较整齐，夹纻胎。表修黑漆，里髹朱漆，表面用朱漆绘纹饰，上层近口沿处密布涡云纹，下层绘对鸟纹，并杂以涡云纹。在下层与杯底之间，锥刻有铭文，铭文残损，仅见一"王"字底，推测为"呈"或"主"字。长 9.3、宽 7.4 厘米（图 3）。

　　M1：10，漆皮。分为两块，为一件耳杯的内、外漆皮，脱落较整齐。未见胎骨，斫制木胎。

图 1 釦耳（M1：4）

图 2 漆皮（M1：4）

图 3 漆皮（M1：6）

表髹黑漆，里髹朱漆，表层漆皮用朱漆绘纹饰，上层为涡云纹；下层为对鸟纹，并杂以涡云纹。里层漆皮朱漆保色较好。长 13.6、宽 5.6 厘米（图 4）。

M1：15，釦耳（一只）。出土时仅见单只杯耳，斫制木胎。表髹黑漆，耳下用朱漆绘云气纹；耳上有一铜釦，素面无纹饰。长 10、宽 1.6、高 1.2 厘米（图 5）。

M1：23，釦耳（二只）。两只杯耳，成对出土，推测为同一件耳杯的两只耳部，夹纻胎。表髹黑漆，耳下用朱漆绘云气纹；耳上有一铜釦，表面可见鎏金痕迹。长 8、宽 1.9、高 1.1 厘米（图 6）。

图 4 漆皮（M1：10）

　　M1：25，刻字漆皮。一块，残损较重，为耳杯表面下层的漆皮，夹纻胎。表修黑漆，里髹朱漆，表面用朱漆绘纹饰，仅见鸟身，推测为对鸟纹。在纹饰与杯底之间，锥刻有铭文 11 字"素工增喜髹工诏子釦工安"。里面朱漆褪色较重。长 2.5、宽 4 厘米（图 7）。

　　M1：26，刻字漆皮。一块，残损较重，为耳杯表面下层的漆皮，夹纻胎。表修黑漆，里髹朱漆，表面用朱漆绘画纹饰，上层为涡云纹；下层为对鸟纹，并杂以云气纹。在纹饰与杯底之间，锥刻有铭文 4 字"泪工沼造"。里面朱漆褪色较重。长 4.3、宽 5.2 厘米（图 8）。

　　M1：37，釦耳（一只）。出土时仅见单只杯耳，夹纻胎。表髹黑漆，耳下用朱漆绘云气纹；耳上有一铜釦，表面可见鎏金痕迹。长 10、宽 2、高 1.2 厘米（图 9）。

　　M1：38，釦耳（一只）。出土时仅见单只杯耳，夹纻胎。表髹黑漆，耳下用朱漆绘云气纹；耳上有一铜釦，表面病害较重。长 10.5、宽 2.2、高 1.3 厘米（图 10）。

　　起凤山 M1 漆耳杯残件于出土时位置散乱，在现场不能确认相互关系，故列为 10 个编号。共出土釦耳 9 个，刻字漆皮 3 件、较完整漆皮 1 件（内、外层漆皮）和漆皮残片十余片。

图 5　釦耳（M1：15）

图 6　釦耳（M1：23）

图 7　刻字漆皮（M1：25）

图 8　刻字漆皮（M1∶26）

图 9　釦耳（M1∶37）

图 10　釦耳（M1∶38）

二　纹饰与铭文

文物保护与修复前，需要依据纹饰与尺寸对漆耳杯残件进行分类，确定耳杯型式。

出土釦耳 9 个，可能属于 5 到 9 个个体。依形制尺寸可分为两型，A 型修长、尺寸较大，M1∶15、M1∶37、M1∶38；B 型短粗，尺寸较小，M1∶4、M1∶23。出土刻字漆皮 3 件，应属于 3 个个体。依尺寸纹饰可分为两型，A 型纹饰线条较粗，对鸟纹鸟喙短直、羽冠粗长、趾间有蹼，整体形态略近鸳鸯，间隔处杂以涡云纹，M1∶6；B 型纹饰线条较细，对鸟纹鸟喙弯曲、羽冠细长、腿趾修长，整体形态略近白鹭，间隔处杂以云气纹 M1∶25、M1∶26。出土较完整漆皮 1 件，M1∶10，应属 B 型纹饰。综合来看，起凤山 M1 内有耳杯两型，A 型耳杯，尺寸较大，为 A 型釦耳与 A 型漆皮；B 型耳杯，尺寸较小，为 B 型釦耳与 B 型漆皮。

出土刻字漆皮上有锥刻铭文，物勒工名，为修复与复原提供了原始工艺工序信息，极为重要。M1∶25、M1∶26 同属 B 型耳杯，则其铭文可以连读。据 M1∶25 铭文"素工增喜髹工诏子釦工安"与 M1∶26 铭文"洀工洰造"可知，这批耳杯的制造经过了"素"制作胎骨、"髹"胎骨髹漆、"釦"安装铜釦、"洀"打磨光泽或绘画朱漆，至少四个工序。

目前所见的工匠刻铭漆器，主要出土于四川、江苏、江西等地，安徽、湖南、甘肃、贵州及朝鲜、蒙古国等地也见出土。主要可分为两类，一类为工官漆器，铭文多见"蜀郡工官""广汉郡工官"或"乘舆"，如 2005 年蒙古国诺音乌拉墓地苏楚克台 M20 出土耳杯铭文"乘舆髹洇画木黄耳一升十六籥栢。元延四年，考工々通繕，洇工宪，守佐臣文、啬夫臣勋、掾臣文臣，右丞臣光、令臣谭省"。1956～1958 年贵州清镇平坝汉墓 M15 出土耳杯铭文"元始三年，广汉郡工官造乘舆髹洇画木黄耳栢，容一升十六籥。素工昌、髹工立、上工阶、铜耳黄涂工常、画工方、洇工平、清工匡、造工忠造，护工卒史恽、守长音、丞冯、掾林、守令史谭主"。这类产自蜀郡或广汉郡的工官漆器，工序繁复，工匠与管理人员众多，基本构成流水化作业。多有"乘舆"铭。

另一类为王侯漆器，铭文多见王侯（国）名或"私府"，如 1977 年安徽省阜阳女阴侯墓 M1 出土耳杯铭文"女阴侯杯，容一升半。六年，库己，工年造"。沅阳国耳杯铭文"七年，元阳，长平，丞状，库周人，工它人造"。长沙国耳杯铭文"十七年，家官龙中杯，容二升半。第百卅八。东官尚食"。江西南昌海昏侯墓出土为"昌邑私府"造器，如出土漆盾铭文"私府，髹丹画盾一。用漆二升七籥，胶筋，丹臾，丑布，财用，工牢，并直五百五十三。昌邑九年造，廿"。出土漆笥铭文"私府，髹木笥一合。用漆一斗一升六籥，丹臾，丑布，财用，工牢，并直九百六十一。昌邑九年造，卅合"。这类王侯漆器上的铭文与工官漆器不甚相同。首先，所用年号为王、侯纪年，而非皇帝纪年或朝廷年号。其次，工序较简、人员较少。还有，部分铭文涉及物料、成本，为工官漆器所不见。

将此次起凤山出土耳杯的铭文与工官漆器、王侯漆器相比，可以发现其与长沙侯国、昌邑王国等王侯漆器的铭文格式并不相同，而与工官漆器铭文类似。"素、髹、釦……洇"的流程也较一般王侯漆器铭文所见为多。但也不能因此将之简单归为常见的工官漆器。首先，以往出土的蜀郡、广汉郡工官漆器上的工匠或官员名字多见于不同器物，即可以通过不同器物上所刻同一工匠或官员的姓名确认其来源于共同产地。但目前所见四人"增喜、诏子、安……洇"均为以往出土漆器上所未见，且有两人录为双名，仅此一件。其次，耳杯所绘对鸟纹虽为工官漆器上的常见纹饰，但也流行于广陵国等地的私人作坊中。且安平侯国源出的长沙王国，也多见王国自造漆器。由此看，起凤山出土耳杯的性质，暂不可轻定。

幸运的是，除漆耳杯外，起凤山还出土有漆箱板残片、漆盘残片等多种漆器。与漆耳杯相比，漆箱板、漆盘的纹饰以云气纹为主，笔触不稳、线条浮动，绝非工官。漆盘虽然碎裂，但仍可拼合，未见锥刻铭文，但在口沿下朱漆写有"东宫"二字。可以联想到长沙国耳杯上的"东官尚食"铭，说明此盘可能也是尚食之器。

起凤山漆耳杯纹饰精美、制造考究，与同墓出土其他漆器相比，纹饰与工艺均有显著不同，明显非同一来源。而根据铭文内容看，格式、流程基本符合工官漆器铭文习惯，唯工匠为以往所不见。综合来说，起凤山漆耳杯可能为西汉晚期工官造器。为复原提供了重要的工艺依据。

三　科技检测

为了精准掌握文物的各项信息，为文物的修复复原提供科学依据，故对文物进行科技检测与分析研究。选取饱水彩色漆皮 M1：5 为样品，进行红外光谱、扫描电镜、X 射线能谱、显微观察等科技检测。

1. 红外光谱

对黑色漆皮进行红外光谱检测，使用 Nicolet iN10 傅里叶变换红外光谱仪（测试范围 4000 ～ 400 cm^{-1}；背景扫描次数 16 次；样品扫描次数 16 次；分辨率 4 cm^{-1}），结果如下所示，与生漆漆膜的谱图特征相似。3375cm^{-1} 左右出现 1 个宽而大的峰，该峰为漆酚中羟基的伸缩振动峰。在 2927cm^{-1} 和 2855cm^{-1} 左右属于亚甲基的不对称的伸缩峰和对称伸缩峰。在 1703cm^{-1} 左右有 1 个红外吸收峰，属于酰胺漆酶的碳氧双键伸缩振动吸收峰。在 1658cm^{-1} 和 1590cm^{-1} 左右双峰，属于苯环骨架的碳碳双键的伸缩振动吸收峰。1433cm^{-1} 左右为亚甲基的变形振动峰。1043cm^{-1} 和 966cm^{-1} 出现的吸收峰，是醇类中的碳氧单键伸缩运动引起的（图 11）。

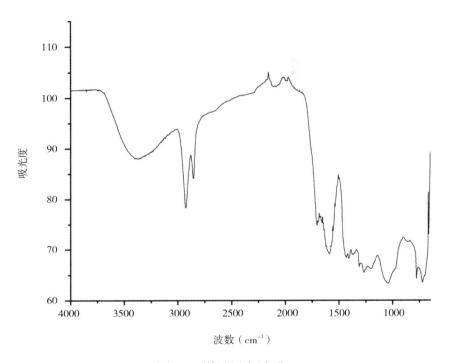

图 11　样品黑色漆膜 ATR

2. 扫描电镜

采用扫描电镜观察漆皮显微结构，仪器为扫描电镜（SEM）FEI Quanta650，结果如图 12 所示。漆皮样品表面不规则，存在断裂和缺口。

3. 显微观察

采用超景深显微镜对包埋后的样品表面和截面进行观察和测量，仪器为 KEYENCE VHX-6000，结果如图所示。根据截面测量结果，表面最外层漆膜层厚度约为 21.97 μm，其次为黑色漆膜层，平均厚度约为 40 μm，最底层为双层漆灰层，厚度不均匀，平均约为 282 μm（图 13）。

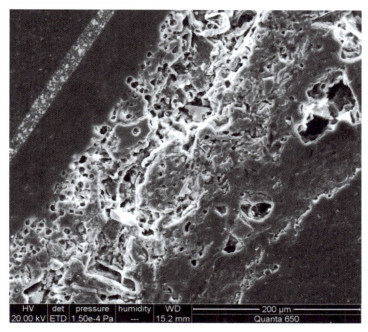

图 12　样品显微结构

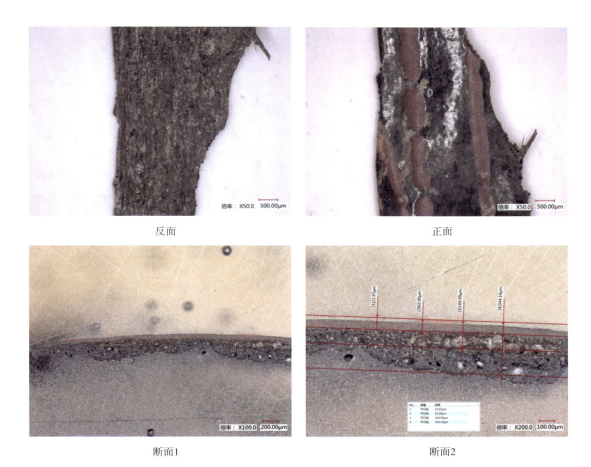

反面　　　　　　　　　　　　　　　正面

断面1　　　　　　　　　　　　　　断面2

图 13　样品显微观察

采用金相显微镜观察包埋样品，仪器为 ZEISS/AxioScope A1（图 14）。

4.X 射线能谱

采用能谱对木材样品进行多个位点的能谱检测，选取具有代表性的数据进行元素分析，仪器为 X 射线衍射仪（XRD）D8 Advance，铜靶，管电压 40 kV，管电流 40 mA，扫描速度为 0.2 度 / 每秒，扫描范围 10°～ 40°，结果如下所示。选取的漆皮样品元素种类较多，含量比较丰富（图 15、16）。

图 14　样品显微观察（100 倍 -UV）

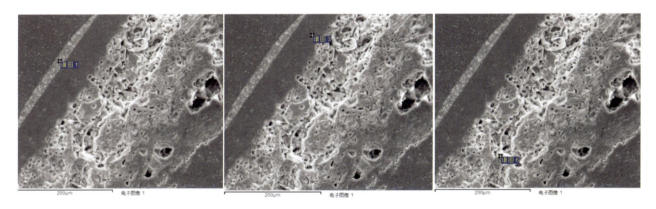

图 15　漆皮样品截面位置

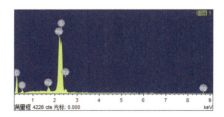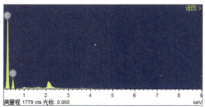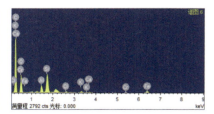

图 16　漆皮样品截面能谱结果

四　修复与复原

经过对文物保存现状、原始工艺、病害情况、展陈需要等多方因素的分析与考虑，决定对出土 10 个编号的漆耳杯残件采取不同的保护方式。刻字漆皮 M1：25、M1：26 的锥刻文字信息极为重要，对其进行脱水后，原样保存。纹饰漆皮 M1：6 的纹饰精美，对其进行脱水、粘接后，原样保存。纹饰漆皮 M1：10，形制较完整，为文物复原提供了重要尺寸依据，但因其仅剩漆皮，对其进行脱水后，原样保存。釦耳 M1：4、M1：23 的六只釦耳保存较好，对其进行文物保护后，可以借此开展文物复原工作。M1：37、M1：38 的铜釦杯耳形制相同，保存状况尚佳，虽然不一定属于同一耳杯，但应属同类型，故对其进行文物保护后，借此继续开展文物复原工作。M1：15 的铜釦杯耳未能成对，且保存状况有限，故对其进行文物保护后，原状封护保存。

江西省文物考古研究院科技考古与文物保护中心在漆木器复原复制方面经验丰富，先后承担了南昌海昏侯墓、樟树国字山战国墓出土漆木器的文物保护与复原复制工作，成果丰硕。此次对起凤山汉墓 M1 出土漆耳杯的复原，为了最大限度还原历史风貌，记录文物价值，在对出土漆耳杯残件进行充分研究的基础上，开展了复原工作。根据铭文来看，起凤山 M1 漆耳杯主要经过了"素""髹""釦""洎"至少四个工序，则复原工作也在此基础上进行。

首先，对木胎进行复原，即铭文中的"素"。因起凤山漆耳杯的胎骨未见保存，故根据同墓出土其他器物研究情况，并参考相近时代、相近地域出土漆耳杯的胎骨，进行制作。

通过对同墓出土漆箱、漆盘木胎进行树种检测，表明漆器多以杉木为胎，则漆耳杯胎骨的复原选用杉木制作。通过对海昏侯墓出土耳杯的研究，发现有耳部尺寸相近的、杯身纹饰类似的漆耳杯——"李具杯"。则复原的杯身尺寸参照李具杯进行制作。

其次，刮灰贴麻、并髹黑色底漆，即铭文中的"髹"。通过对同墓出土漆器进行扫描电镜检测，发现胎体上有漆灰层、麻布层，最外为漆膜层。因新做木胎略不平整，故依据古法在木胎上刮漆灰。选用传统细瓦灰混合天然大漆为泥子，在木胎上刮除一层，进行找平，即实验所见漆灰层；在此基础上贴裱麻布，即实验所见麻布层。后在麻布之上三次髹黑色漆，作为底漆。

之后，打磨光泽并绘画朱漆纹饰，即铭文中的"洎"。因耳杯的黑色底漆层有凹凸不平、略有坑洼，故进行初次打磨，使其平整如一、略显光泽。后选用天然生漆搅拌朱砂矿粉，调试出朱红色漆液，用细毛笔蘸取色漆，手工绘画纹饰。确认纹饰完整无误后，进行第二次打磨，使纹饰光洁。确认复原杯体坚固完整、纹饰清晰无误后，进行下一步操作。

最后，在复原的杯体两侧安装文物釦耳，即铭文中的"釦"。以天然生漆为黏合剂，将保护封护后的文物釦耳粘贴在复原杯身两侧。粘贴时确保位置准确、黏贴牢固，一次成功、不做修改。

至此，起凤山漆耳杯完成保护修复与文物复原，达到博物馆展陈需要。

五　余论

耳杯，是先秦至汉代的主要饮食器具。汉代宴饮时在席前摆放酒具和食器，大型酒器，如酒樽等，一般是放置于席前的地面上；耳杯等小型饮具则放置在食盘或是食案之上。耳杯的大小没有唯一的标准，但都是椭圆的杯体造型与两侧突出的新月形耳，不仅具有很强的装饰性，又能满足人们宴饮时双手执耳端杯的需要。

耳杯，秦汉出土文物上自名为"杯"或"桮"，如湖北荆门郭店一号楚墓出土的一件耳杯底部，刻有铭文"东宫之杯"；湖南长沙马王堆一号汉墓中出土的物疏简上，记有"幸酒杯十五""幸酒杯卅枚""幸食杯五十""幸食杯一百"，与墓中出土的朱书铭文"君幸酒""君幸食"耳杯相合。在传世文献中，耳杯又名"羽觞"，《汉书·外戚传下》有"顾左右兮和颜，酌羽觞兮销忧"。颜师古注引孟康曰："羽觞，爵也，作生爵形，有头尾羽翼。"

耳杯的制作工艺较为考究，西汉《盐铁论》在叙述汉代漆木器的制作时说"一杯用百人之力，一屏风就万人之功"，可见用材弥费、用工弥多。此次起凤山出土的漆耳杯，纹饰精美、制造考究，可能为西汉晚期工官制作，代表了这一时期漆器生产的较高水平，也填补了西汉晚期官方漆器生产与侯国用器的空白。江西省文物考古研究院科技考古与文物保护中心，在充分研究的基础上，对出土的漆耳杯残件、残片进行了保护修复与复原复制，不仅最大限度保护文物，也为后续展陈提供了较为完美的展品，充分说明了文物保护工作在文博事业中的重要价值。

附录四　起凤山汉墓群白膏泥的科技分析

郑贝贝[1]　徐宏杰[1]　廖勇[1]　万智巍[2]

（1.江西省文物考古研究院　2.江西师范大学）

在我国古代墓葬考古中，白膏泥主要用作填充材料，填充于墓室、椁室之间，隔绝外界的空气、水分，有利于墓葬中尸体及葬具陪葬品等文物的保存。白膏泥使用历史较为悠久、应用地域较广，甚至自新石器时代至唐代的墓葬均有报道，但相关科技分析文章甚少，仅有如印山越王陵[1]、大葆台汉墓[2]、马王堆汉墓[3]、南昌汉代海昏侯墓[4]等。2019年，江西省安福县在进行公路施工中发现了一处规模较大的木椁墓，即起凤山汉墓M1，2021年年底陆续完成对墓室的清理工作，并在周边发现了一批西汉、东汉时期的小型土坑墓、砖室墓遗迹，且被基础设施建设所破坏。在发掘过程中，江西省文物考古研究院对这批墓葬的白膏泥地层进行采样，并与江西师范大学合作完成科技分析工作。

一　背景介绍

起凤山汉墓M1位于安福县平都镇枫林村彭家南侧小山岗上，位于起凤山南麓、泸水河北侧。结合出土遗物、墓葬形制综合判断，该墓葬是西汉晚期高等级贵族墓，墓主人身份可能与西汉安平侯有关联。取样点主要分布于安福起凤山汉墓周边。安福起凤山M1因基建导致墓室破坏，而后室、二层台底部相对完整。采样点1、采样点2、采样点3分别位于东侧位置，距M1约500米，为基础设施建设过程中取土裸露出来的白膏泥地层。采用手铲刮去表层泥土，取地层中较为纯净的膏泥进行分析（图1，表1）。

[1]　浙江省文物考古研究所、绍兴县文物保护管理局：《印山越王陵》，文物出版社，2002年。

[2]　大葆台汉墓发掘组、中国社会科学院考古研究所：《北京大葆台汉墓》，文物出版社，1989年。

[3]　黄伯龄、赵惠敏：《关于长沙马王堆汉墓白膏泥中的粘土矿物》，《地质科学》1975年第1期。

[4]　张吉、刘晟宇、胡东波等：《新建海昏侯墓北藏椁内青铜器及其埋藏环境的初步分析》，《南方文物》2018年第2期。

图 1　取样点位置图

表 1　取样来源

样本编号	采样地点	详细信息
样本 1	安福起凤山 M1	起凤山 M1 西侧二层台底部白膏泥
样本 2	采样点 2	起凤山王家岭 -1 土样
样本 3	安福起凤山 M1	起凤山 M1 后室膏泥样本
样本 4	采样点 3	起凤山王家岭 -3
样本 5	采样点 1	起凤山王家岭 -1

二　白膏泥样本科技分析结果

1. SEM-EDS

对样本进行干燥后，取少量样本黏于导电胶上，进行显微形貌分析及成分分析。本文实验所用仪器为江西师范大学的 Tescan 扫描电子显微镜，扫描电压为 15kV（图 2，表 2）。

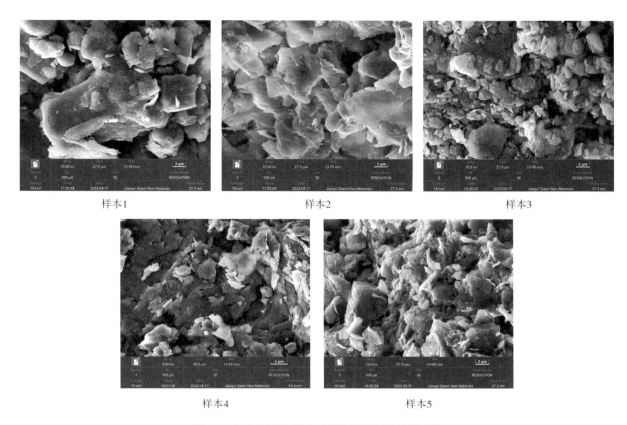

样本1　　　　　　　　　　　样本2　　　　　　　　　　　样本3

样本4　　　　　　　　　　　样本5

图 2　起凤山汉墓白膏泥电子显微镜图像

表 2　起凤山汉墓群白膏泥化学成分表

元素（at%）	Si	K	Al	Fe	Mg	Ca	Ti	Zr
样本1	42.5	21.0	16.4	13.7	0.0	3.4	2.9	0.0
样本2	71.5	0.1	4.6	0.6	20.1	0.0	0.1	2.9
样本3	59.3	3.3	28.0	1.8	0.9	0.2	1.4	5.0
样本4	61.0	0.0	6.7	0.0	29.0	0.0	0.0	3.3
样本5	74.5	2.3	18.1	0.9	0.0	0.0	1.1	3.2

注：at% 为归一化后的原子数百分含量。

从微观形态上，样本以片状晶体为主，颗粒度较小，均匀纯净。一般将样本颗粒小于 2 μm 的矿物颗粒为黏土矿物，可见样本 3、4、5 的黏土矿物含量较高。样本 3 颗粒度最小，而样本 4 颗粒度最大。样本 2 呈现出不规则片状，粒度较大，而起凤山二层台样本颗粒度较小。王家岭系列样本普遍二氧化硅含量较高，颗粒相对较大。样本 2、4 中，Mg 含量相对较高，而 Al 含量相对较低。黏土矿物中，镁含量较高的化合物通常情况下，可能为菱镁矿、绿泥石、辉石、滑石等矿物。在样本 1 中，Fe、K 含量显著高于其他样本，说明样本 1 能掺有周边填土。结合样本 1 采样位置，白膏泥掺杂黏土，作为二层台建筑材料，以支撑墓葬顶板。而样本 3 源于起凤山 M1 后室，除 Si、Al 外，其余元素总含量不超过 10%，可见白膏泥较为纯净，主要用于密封椁室。矿物在风化过程中，易溶元素容易淋失，其中包括一些碱金属、碱土金属。所以，样本 2、样本 4，原始矿物风化程度可能较小。锆石为岩石中普遍存在的一种副矿物，在地质构造、变异过程中形成，抗风化能力极强。除样本 1 之外，其余样本均含有 3% ～ 7% 的 Zr 元素（见表 2），可能因为淋滤作用易溶元素下降，而难溶解元素增多，使得锆石含量增高。由于蒙脱土质黏土岩充分风化后，Ca、Mg、K 等碱金属和碱土金属流失下降，Si、Al、Zr、Ti 等元素含量相对升高。整体看来，起凤山 M1 采用的白膏泥，风化程度较高，颗粒度较小。

2. X 射线衍射分析（XRD）

测试常数：仪器型号：SmartLab SE；电流电压：40kV、40mA；仪器靶材：Cu 靶 /1.54186Å。

表 3　起凤山汉墓白膏泥黏土矿物定量分析结果（$\omega \times 10^{-2}$）

样本编号	考古编号	石英	伊利石	高岭石	蒙脱石－绿泥石	滑石	微斜长石
101_001	王家岭 -3	52.72	22.93	24.34	0	0	0
102_001	王家岭 -1	29.47	0	0	4.15	66.38	
103_001	M1 后室白膏泥	90.01	4.11	0	3.14	0	2.74
104_001	王家岭 -2	21.42	0	0	0	78.58	
105_001	二层台底部白膏泥	96.11	3.89	0	0	0	0

如表 3，起凤山汉墓白膏泥的石英含量超过 90%，仅含有少量的伊利石和蒙脱石－绿泥石。相比之下，大葆台汉墓和印山越王陵的矿物组成主要由石英和长石组成，黏土矿物以蒙脱石为主。起凤山汉墓中只有一件样本含有微量的斜长石，其他样本此类造岩矿物，说明本次所测的矿物风化程度较高。起凤山汉墓白膏泥中石英含量高且化学性质稳定，颗粒较小。在长时间的风化作用下，石英的性质较为稳定，仅能崩解并且形成小颗粒。大葆台汉墓和印山越王陵的矿物组成中含有较多的长石和以蒙脱石为主的黏土矿物，说明风化作用较少。钾长石的存在可能是由于相对较短的风化时间，尚未完全转化为水云母和高岭石。起凤山汉墓中仅有一件样本含有微量的斜长石，这可能是因为在这个特定的样本中，风化作用较少，导致部分钾长石尚未完全风化转化为水云母和高岭石。钾长石经风化作用后，发生矿物转变，生成高岭石和水云母。斜长石经风化作用后，经历矿物的转化过程，生成蒙脱石、沸石、蛋白石和方解石。云母在风化作用下，首先发生矿物的转化，生成水云母，随后进一步的风化可能导致生成高岭石 [1]。而其他样本中没有发现类似长石的造岩矿物，这意味着它们已经经历了更长时间的风化作用，使得长石等矿物质几乎完全消失。起凤山汉墓白膏泥中石英含量高，不仅黏土矿物含量低，而且几乎不含造岩矿物，说明该墓葬

---

[1]　潘兆橹：《结晶学及矿物学》，高等教育出版社，1993年。

经历了较高程度的风化作用。相比之下，大葆台汉墓和印山越王陵的土壤环境风化程度较低，含有较多的长石和蒙脱石等矿物质。这种矿物的转变可能是由于大量石英微颗粒的添加能够增加土壤的密实度[1]，有助于防止过多水分进入墓葬内部，减少土壤透气性、防止植物根系的生长。此外，石英颗粒可以增加土壤的微空隙，为墓葬内部空间保持水分，防止土壤失水过多而导致干裂。王家岭-1与王家岭-2样本含有滑石相对较多，可能与江西特殊的地质环境相关。江西省滑石储量位居全国首位，达到约41%[2]。滑石不溶于水，抗风化能力强，具有一定的可塑性。虽然滑石在涂料、造纸等领域用作为防水剂[3]，但在长期浸泡下，镁、钙等元素容易溶出，难以形成有效的防水。滑石保水能力也较强，除了微空隙的吸水作用之外，滑石中的离子交换作用，可以增加滑石对水分子的吸附能力。但它的颗粒结构和空隙结构，有利于根系生长和气体交换，所以不利于墓葬的防护。在缺少石英矿物条件下，滑石可能作为一种替代的矿物，继续发挥相似的作用（图3，图4）。

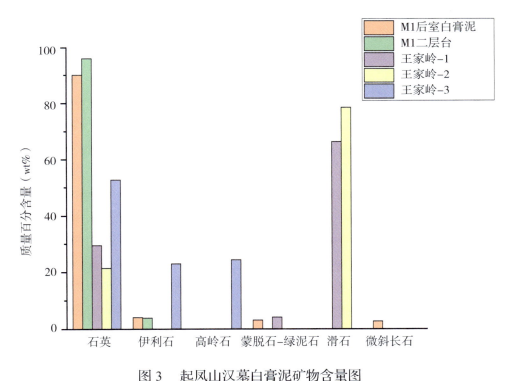

图 3　起凤山汉墓白膏泥矿物含量图

[1]　夏栋：《南方花岗岩区崩岗崩壁稳定性研究》，华中农业大学博士学位论文，2017年。

[2]　广西壮族自治区第四地质队：《我国滑石矿床工业类型划分的探讨》，《桂林理工大学学报》2022年第1期。

[3]　刘茜、梁晓正、杨华明：《黑滑石的矿物学特征及加工与应用研究进展》，《材料导报》2023年第21期。

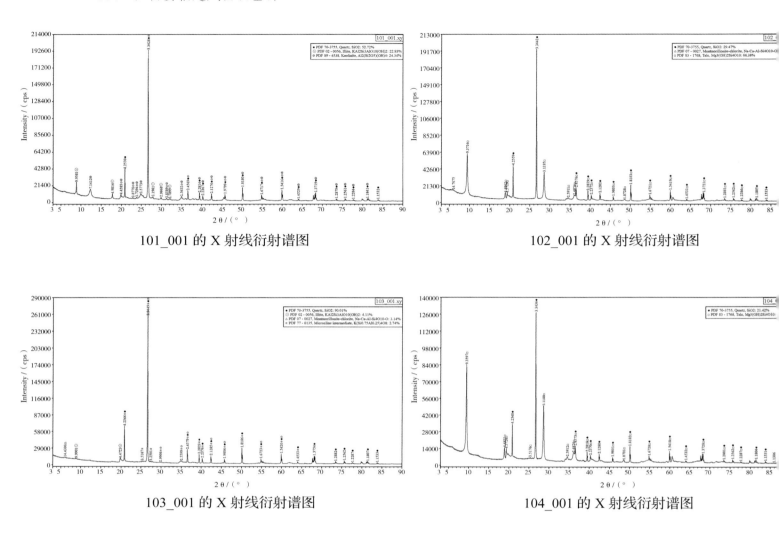

101_001 的 X 射线衍射谱图

102_001 的 X 射线衍射谱图

103_001 的 X 射线衍射谱图

104_001 的 X 射线衍射谱图

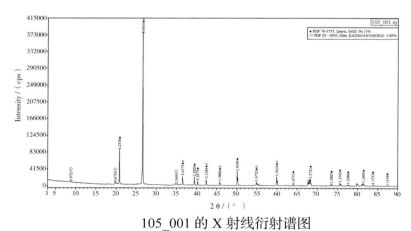

105_001 的 X 射线衍射谱图

图 4　样本 X 射线衍射谱图

　　在马王堆汉墓的白膏泥主要成分为微晶高岭土，颗粒度极细，可能来源于阶地的黏土。此外，海昏侯墓白膏泥分析成分主要为石英和蒙脱土、伊利石构成。蒙脱土的润胀性可以减少水分对周边土壤渗透，使墓葬形成相对密封的空间，但也易导致白膏泥层的力学强度降低，乃至崩解。对此类白膏泥遗迹进行展示中，需要对遗迹做好防水，如铺设排水沟、加装防雨棚、喷涂防水剂等（图5 ～ 7，表4、5）。

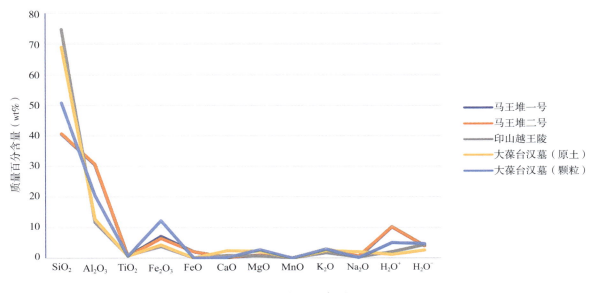

图 5　白膏泥原子量百分含量图

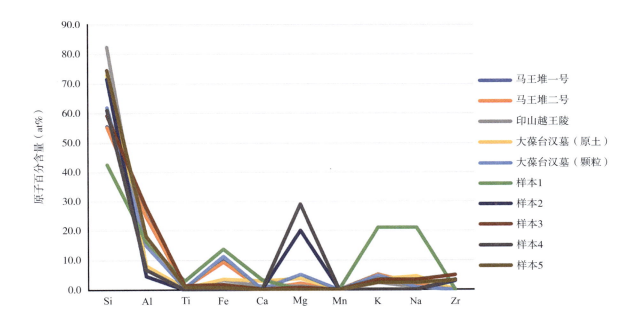

图 6　白膏泥元素百分含量图

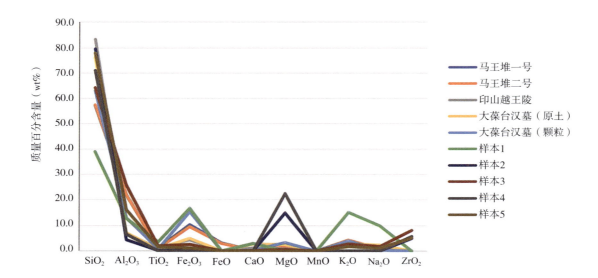

图 7　白膏泥氧化物百分含量图

表 4　我国主要遗址的白膏泥主要成分表

遗址	主要成分
印山越王陵	石英、长石、蒙脱石
马王堆汉墓	微晶高岭土
西汉海昏侯墓	石英、蒙脱石、伊利石
大葆台汉墓	石英、长石、蒙脱石

表 5　我国主要遗址白膏泥氧化物含量表

元素（at%） 遗址	SiO_2	Al_2O_3	TiO_2	Fe_2O_3	FeO	CaO	MgO	MnO	K_2O	Na_2O	H_2O^+	H_2O^-
马王堆一号墓	40.49	30.55	0.8	7.18	2.2	0.15	0.86	0.03	2.95	0.4	10.25	4.05
马王堆二号墓	40.62	30.65	0.7	6.62	2.13	0.21	1.06	0.02	3	0.75	10.17	4.01
印山越王陵	74.76	11.78	1.02	3.9	0.00	1.02	0.7	0.048	1.74	0.4	2.09	4.39
大葆台汉墓（原土）	69	12.81	0.7	4.4	0.00	2.56	2.36	0.06	2.6	2.18	1.32	2.63
大葆台汉墓（颗粒）	50.91	20.54	0.7	12.25	0.00	0.16	2.79	0.06	3.1	0.3	5.13	4.73

注：马王堆汉墓样本与大葆台汉墓（颗粒）均为分离后粒径小于1微米的颗粒。at%为归一化后的原子数百分含量。

表 6　我国白膏泥氧化物含量图

墓葬	SiO₂	Al₂O₃	TiO₂	Fe₂O₃	FeO	CaO	MgO	MnO	K₂O	Na₂O	ZrO₂	硅铝比
马王堆一号墓	57.3	21.9	1.1	10.3	3.1	0.2	1.2	0.0	4.2	0.6	0.0	2.6
马王堆二号墓	57.4	21.9	1.0	9.5	3.0	0.3	1.5	0.0	4.3	1.1	0.0	2.6
印山越王陵	83.4	6.6	1.2	4.4	0.0	1.2	0.8	0.1	2.0	0.5	0.0	12.5
大葆台汉墓（原土）	76.2	7.2	0.8	4.9	0.0	2.9	2.6	0.1	2.9	2.4	0.0	10.6
大葆台汉墓（颗粒）	62.9	12.9	0.9	15.3	0.0	0.2	3.5	0.1	3.9	0.4	0.0	4.9
样本 1	39.0	12.8	3.5	16.7	0.0	2.9	0.0	0.0	15.1	9.9	0.0	3.1
样本 2	79.6	4.3	0.1	0.9	0.0	0.0	14.9	0.0	0.1	0.1	4.9	18.3
样本 3	64.2	25.7	2.0	2.6	0.0	0.2	0.6	0.0	2.8	1.8	8.2	2.5
样本 4	70.9	6.6	0.0	0.0	0.0	0.0	22.5	0.0	0.0	0.0	5.8	10.7
样本 5	78.0	16.1	1.5	1.3	0.0	0.0	0.0	0.0	1.9	1.2	5.1	4.9

注：马王堆一号、二号均使用粒径小于1 μm颗粒进行分析。元素数据换算为氧化物数据后，再经归一化处理。

表 7　白膏泥粒径分布表（单位：μm）

遗址	> 0.1	0.1 ~ 0.01	0.01 ~ 0.001	< 0.001	平均粒径
大葆台汉墓	10.34	68.05	13.12	8.49	–
马王堆汉墓	2.59	63.81		33.85	–
印山越王陵	10.7	70.70	18.60		29.3

注：大葆台汉墓、马王堆汉墓印山越王陵的粒度范围从左到右依次为："＞0.1" "0.1～0.012" "＜0.012"。

　　如表6，所有白膏泥都呈现出高硅低铝的特点，硅铝氧化物质量比差异较大，在2.5～18.3之间。根据马王堆、大葆台汉墓、印山越王陵数据对比来看，原土的硅铝比在10～14之间，而细颗粒的矿物硅铝比则在2～4之间，差异较大。根据SEM图像，样本3与样本5的颗粒显著小于其他样本，而硅铝比也较低。高硅低铝的土壤的形成主要由以下条件所控制：（1）母质条件方面，硅酸盐、火山岩等岩石本身具有高硅低铝的性质；（2）温暖、湿润的气候可以加速岩石的风化；（3）山地地形与植被覆盖形成对土壤的侵蚀作用 [1]。在风化作用中，粗颗粒矿物由于物理作用下变成细颗粒矿物，所以，造岩矿物的风化程度越高，颗粒度减小，硅铝比越低。造成了细颗粒的黏土矿物硅铝比较低，而粗颗粒的造岩矿物硅铝比较高的状况（表7）。

　　一般在河流相的沉积物中，主要有黏土矿物、硅酸盐矿物、铁氧矿物、碳酸盐矿物等等 [2]。

---

[1] 蔚永宁、张德栋：《矿物岩石学》，煤炭工业出版社，2007年。

[2] 张敏、李海龙、唐灵等：《粤东河源盆地的深部构造、沉积序列与盆地演化》，《地球学报》2024年第3期。

黏土矿物一般都具有一些共性，如都具有一定的防水性、填充性等。细颗粒石英与少量黏土矿物构成了白膏泥的主要成分，但是古人更加偏好于使用风化程度较高的、不含长石类型的黏土矿物。

3. 颗粒度分析

从样本的粒径分布图上来看，起凤山 M1 的白膏泥颗粒度整体比王家岭样本颗粒度略大一些，而且峰形较为尖锐。起凤山 M1 的两件样本的峰形略有不同，在一定程度上反映出可能采用同一类型富含石英的黏土矿进行墓葬与后室的填充，有可能来自同一地点。与王家岭 -1 和王家岭 -2 来讲，王家岭 -3 的颗粒度明显较大，而石英含量较高。而王家岭 -2 样本峰形明显较宽，筛分性不佳。结合样本粒径分布图与样本的化学成分，起凤山 M1 与王家岭遗址点所用的白膏泥不同，反映的可能是一种专业化生产。防水性能较佳的白膏泥可能优先提供于诸侯王级别的墓葬，而对于低等级墓葬的白膏泥填充则带有一定的随意性（图 8 ～ 12）。

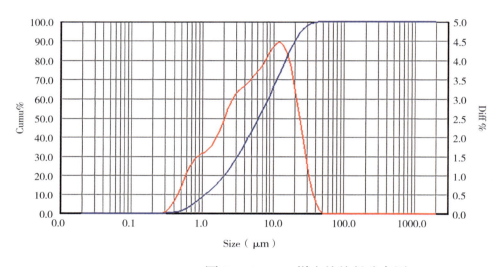

粒径 μm	含量%
0.000–0.291	0.01
0.291–0.513	1.39
0.513–0.905	5.70
0.905–1.596	8.07
1.596–2.816	12.11
2.816–4.967	15.69
4.967–8.760	18.07
8.760–15.45	20.69
15.45–27.25	14.92
27.25–48.07	3.33

图 8 101_001 样本的粒径分布图

粒径 μm	含量%
0.000–0.323	0.01
0.323–0.584	1.62
0.584–1.056	4.24
1.056–1.911	6.32
1.911–3.458	15.87
3.458–6.256	22.40
6.256–11.31	20.41
11.31–20.47	16.87
20.47–37.03	10.26
37.03–66.98	2.07

图 9 102_001 样本的粒径分布图

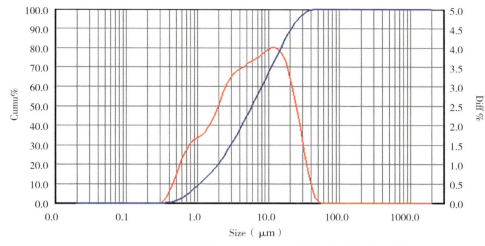

粒径 μm	含量%
0.000–0.320	0.01
0.320–0.565	2.05
0.565–0.996	6.71
0.996–1.756	9.00
1.756–3.096	13.42
3.096–5.458	16.38
5.458–9.621	17.80
9.621–16.95	18.63
16.95–29.89	13.16
29.89–52.69	2.82

图 10　103_001 样本的粒径分布图

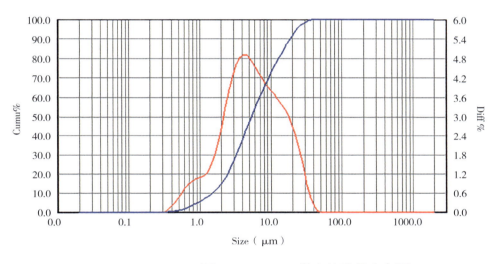

粒径 μm	含量%
0.000–0.325	0.01
0.325–0.565	1.29
0.565–0.982	4.21
0.982–1.708	6.35
1.708–2.970	14.80
2.970–5.164	22.02
5.164–8.979	20.12
8.979–15.61	16.60
15.61–27.14	11.82
27.14–47.19	2.76

图 11　104_001 样本的粒径分布图

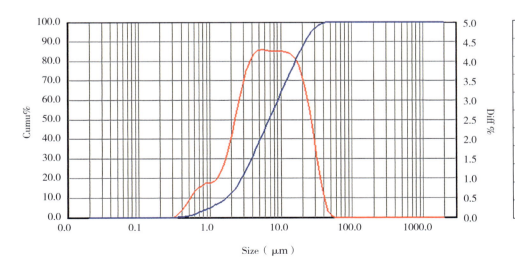

粒径 μm	含量%
0.000–0.325	0.01
0.325–0.573	1.33
0.573–1.010	3.71
1.010–1.781	5.39
1.781–3.140	12.67
3.140–5.538	19.39
5.538–9.764	20.16
9.764–17.21	19.75
17.21–30.35	14.50
30.35–53.52	3.07

图 12　105_001 样本的粒径分布图

三 白膏泥科技价值探讨

作为一种常见的墓葬防腐用品，白膏泥使用历史悠久。自新石器时代开始，主要使用于建筑遗迹及墓葬中。禹会村遗址时代为龙山时代晚期，白膏泥主要用作建筑遗迹的黄土层、灰土层的保护层，表面有一定的火烧痕迹。商代、西周时期白膏泥的使用范围、覆盖厚度较小[1]。商代大型土坑墓使用白膏泥，如河南罗山天湖商墓以白膏泥将椁室与上部相隔[2]。盘龙城遗址也使用了白膏泥[3]。西周时期，白膏泥墓葬使用一直有延续，而白膏泥厚度仍然较薄，如北京昌平白浮M2[4]、山东栖霞松山乡西周墓。东周时期，四周均填充白膏泥的墓葬数量增多，白膏泥厚度增加，如四川荥经曾家沟M11、M12、M16。且曾家沟M16在棺底还铺有木炭、带壳粮食、草垫[5]。秦汉时期，白膏泥在墓葬较为普遍，并且往往积石、积炭等材料混合使用。魏晋南北朝时期，墓葬防护措施产生了分化。白膏泥继续在一些大型墓葬中使用，如江西南昌都司前三国砖室墓棺底铺有白膏泥[6]。这一时期，石灰逐渐开始成为墓室防潮的重要材料，如江苏南京江宁发现的六朝大墓[7]。唐代，除帝陵外，白膏泥仍在继续使用，如江西南昌碑迹山唐墓木椁四壁有白膏泥残留[8]。石灰、木炭防潮也颇为流行，如江西南昌化纤厂唐墓使用了白绵纸包裹石灰[9]，陕西西安东郊唐墓使用木炭[10]。宋代三合土和糯米灰浆在墓葬中得以广泛应用[11]，膏泥墓葬最终消失。

在汉墓中，白膏泥往往和土壤、木炭、石块、积沙等原料配合使用，用以对墓葬中的尸体、葬具、陪葬品进行保护。马王堆汉墓白膏泥最厚可达1.2m，使得出土时女尸状况较好（图13）。江西地区的大型汉墓中，莲花安成侯墓填充物主要为木炭、黄壤土等，而南昌海昏侯墓也使用了白膏泥填充墓葬[12]。安福起凤山汉墓采用了木炭、膏泥相互交替筑造的方式形成了墓葬的二层台（图14）。而安福起凤山汉墓脚下，周围大片西汉、东汉墓群，这类墓葬无疑消耗了大量的白膏泥。白膏泥用于防渗，但如此多的用量，需要涉及采矿、淘洗等步骤。

目前对白膏泥的定义仍然较为模糊，仅从色泽、用途方面对其定义，对成分分析较少。除了埋藏环境研究、开发新的保护技术以外，研究白膏泥的科技价值，需要在以下几个方面继续进行努力：（1）明确白膏泥的定义，如蒙脱土往往与高岭土的俗称"白土、观音土"相互混淆，古籍文献仍需考证；（2）探讨高岭土制作、应用过程，如是否选取特定矿产进行采矿、淘洗、应用，或收集类似有防水特性的黏土矿物直接应用。

[1] 马雷、张立弛：《淮河文化传统与文化自信：第九届淮河文化研讨会论文选编》，合肥工业大学出版社，2018年。
[2] 河南省信阳地区文管会、河南省罗山县文化馆：《罗山天湖商周墓地》，《考古学报》1986年第2期。
[3] 湖北省文物考古研究所：《盘龙城：1963～1994年考古发掘报告》，文物出版社，2001年。
[4] 北京市文物管理处：《北京地区的又一重要考古收获——昌平白浮西周木椁墓的新启示》，《考古》1976年第4期。
[5] 四川省文管会、雅安地区文化馆、荥经县文化馆：《四川荥经曾家沟战国墓群第一、二次发掘》，《考古》1984年第12期。
[6] 李家和：《南昌市发现三国墓一座》，《文物工作资料》1973年第4期。
[7] 赵胤宰：《长江中下游汉六朝砖墓的建筑结构与技术研究》，北京大学博士学位论文，2015年。
[8] 郭远谓：《江西南昌碑迹山唐代木椁墓清理》，《考古》1966年第5期。
[9] 陈文华、许智范：《江西南昌唐墓》，《考古》1977年第6期。
[10] 何修颐：《西安东郊唐墓清理记》，《考古》1956年第6期。
[11] 霍巍：《论宋、元、明时期尸体防腐技术发展的社会历史原因》，《四川大学学报》（哲学社会科学版）1990年第1期。
[12] 江西省文物考古研究所、南昌市博物馆、南昌市新建区博物馆：《南昌市西汉海昏侯墓》，《考古》2016年第7期。

图 13　马王堆汉墓白膏泥层与木炭层　　　　图 14　安福起凤山 M1 膏泥与木炭分层夯筑

　　白膏泥的成分并不固定，主要是黏土矿物与石英颗粒。古人利用黏土矿物、石英颗粒的防水性、填充性来提高墓葬的密封性能。白膏泥成分差异既与地域相关的，又可能与墓葬的等级有关联，是一种因地制宜的策略。马王堆汉墓的白膏泥与周边河流漫滩沉积物具有一定相似性，说明马王堆汉墓白膏泥可能来源于河流相堆积。起凤山汉墓周边的泸水河为赣江支流，河流通过长时间的水力侵蚀和溶解作用，形成了黏土矿物与石英颗粒，为起凤山汉墓群的建造提供了大量白膏泥原料。

附录五　起凤山一号墓棺木检测报告

云南云林司法鉴定中心

〔2020〕植司鉴字第 141 号

一　基本情况

委托单位：荆州文物保护中心

委托鉴定事项：考古木材种属鉴定

受理日期：2020 年 12 月 18 日

鉴定材料：7 块考古木材

鉴定日期：2020 年 12 月 31 日

鉴定地点：云南云林司法鉴定中心

二　样品概况

江西 QFS：1 号、2 号、3 号、4 号、5 号、6 号，干燥木材。

江西 ZS：1 号，饱水木材。

荆州文物保护中心委托我中心对木材的种属进行鉴定。

三　检验方法和依据

（一）检验方法

分别将江西 QFS：1 号、2 号、3 号、4 号、5 号、6 号检材编号为 2020-141-1 号、2020-141-2 号、2020-141-3 号、2020-141- 4 号、2020-141- 5 号、2020-141-6 号；江西 ZS：1 号编号为 2020-141-7 号，按国家标准 GB/T 29894-2013《木材鉴别方法通则》执行。

（二）检验依据

国家标准 GB/T 16734-1997《中国主要木材名称》。

四　分析说明

样品名称：　　古木

鉴别项目		鉴别结果
样品状态	包装、尺寸	塑料样品袋包装；尺寸满足切片要求
导管与管孔	1．管孔类型 2．管孔排列 3．管孔组合 4．穿孔 5．管间纹孔式 6．导管-射线间纹孔 7．导管内含物	1．管孔类型为环孔材； 2．管孔排列为弦列带状； 3．管孔组合单管孔占90%及以上； 4．穿孔板为单穿孔； 5．导管间纹孔式为互列； 6．管间纹孔式相同状、圆形或具角度； 7．心材导管具树胶和其他填充物。
轴向薄壁组织	1．离管型 2．傍管型 3．带状 4．细胞组成 5．内含物 6．油细胞	1．轴向薄壁组织为星散聚合状； 2．轴向薄壁组织为稀疏环管状； 3．窄带状或3个细胞宽以下； 4．5～8个细胞一束、超过8个； 5．可见树胶； 6．未见。
木纤维	1．木纤维类型 2．细胞形状 3．胞壁纹孔	1.环管管胞可见；木纤维具明显具缘纹孔可见； 2.薄至厚； 3.具缘纹孔。
木射线	1.射线种类 2.射线组成 3.射线排列 4.射线高度 5.特殊细胞 6.射线内含物	1.多数单列； 2.所有木射线细胞横卧； 3.木射线非叠生； 4.高1～20个细胞高度； 5.未见； 6.树胶。
树胶道	1.轴向 2.径向	1.未见； 2.未见。
其他特征	1.内含韧皮部 2.螺纹加厚	1.未见； 2.未见。
宏观特征	1.生长轮 2.心边材 3.材色 4.气味 5.纹理 6.结构 7.其他 8.木材密度	1.生长轮界不明显或缺乏； 2.无法区分心边材； 3.腐朽材，无法描述木材具体颜色； 4.腐朽材，无法描述木材具体气味； 5.纹理直； 6.结构中； 7.未见； 8.腐朽材，无法测量木材气干密度。
2020-141-1号图片		 　横切面　　　　　　径切面　　　　　　弦切面

续表

鉴别项目	鉴别结果
2020-141-2 号图片	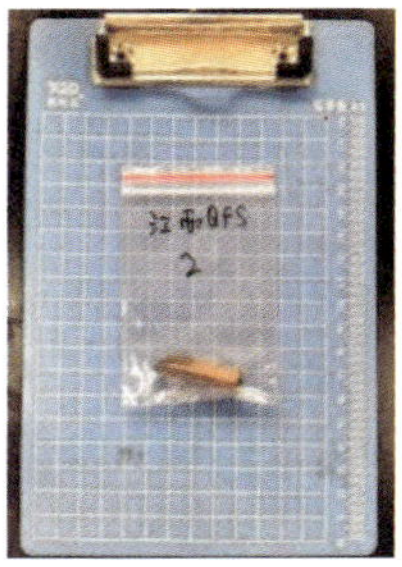 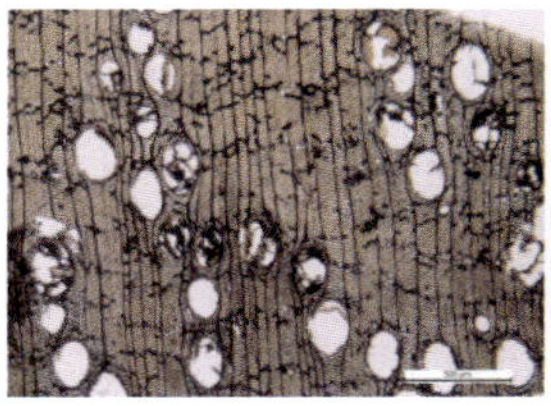 横切面 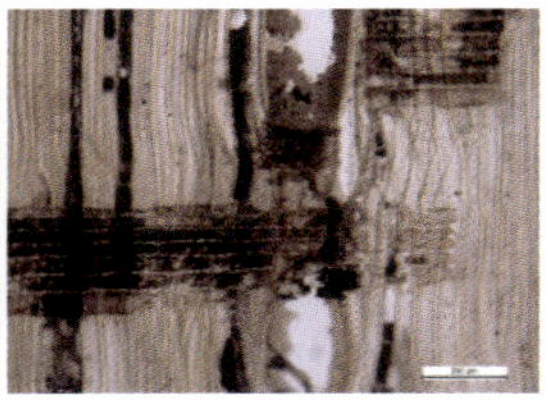　　　　　径切面 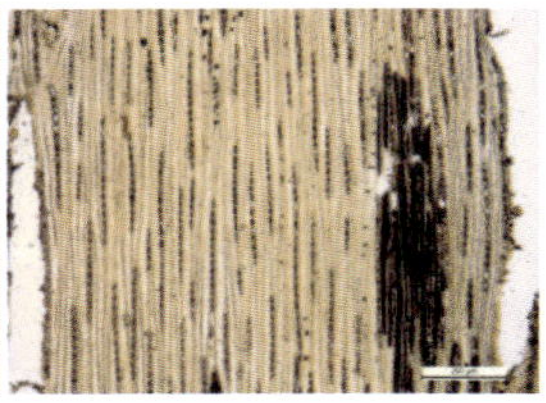　　　　　弦切面
2020-141-5 号图片	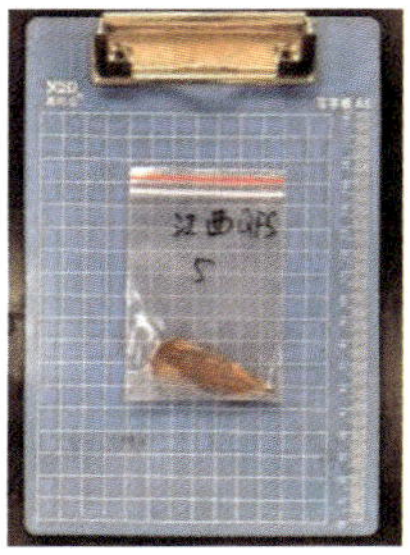 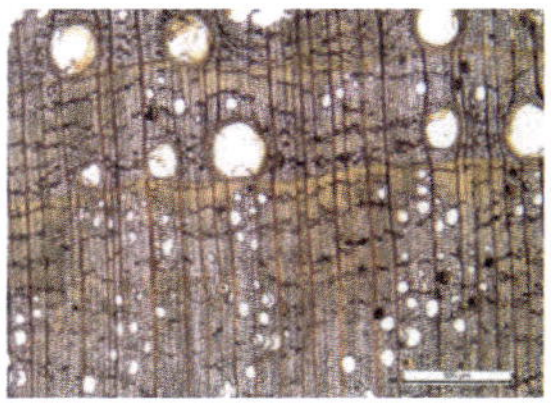 横切面 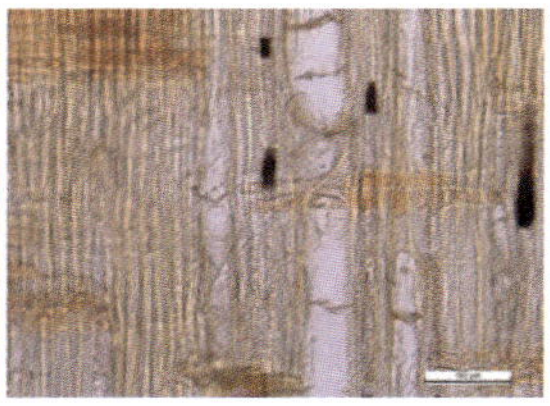　　　　　径切面 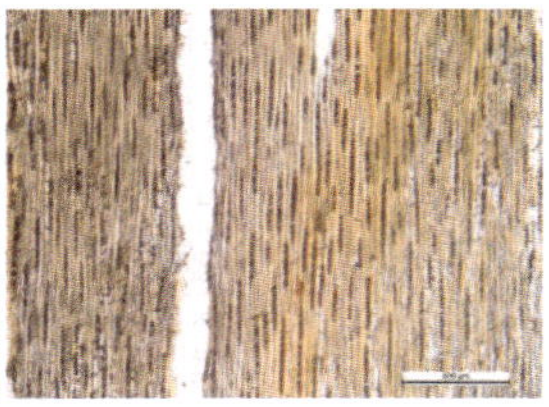　　　　　弦切面
鉴别结果	中文名称：　苦槠 拉丁名称：　*Castanopsis* spp. 科属名称：　壳斗科锥木属

注：木材具有一定的腐朽程度。

样品名称：　　古木　　　　

鉴别项目		鉴别结果
样品状态	包装、尺寸	塑料包装；尺寸满足切片要求
导管与管孔	1. 管孔类型 2. 管孔排列 3. 管孔组合 4. 穿孔板 5. 管间纹孔式 6. 导管 - 射线间纹孔 7. 导管内含物	1. 管孔类型为散孔材； 2. 管孔排列为径列和（或）斜列管孔； 3. 管孔组合径列 2～4 个复管孔、管孔团； 4. 穿孔板为单穿孔； 5. 导管间纹孔式为互列； 6. 管间纹孔式圆形或具角度、梯状（刻痕状）； 7. 心材导管具树胶和其他填充物。
轴向薄壁组织	1. 离管型 2. 傍管型 3. 细胞组成 4. 内含物 5. 油细胞	1. 轴向薄壁组织为星散状； 2. 轴向薄壁组织为稀疏环管状、环管束状； 3. 3～4 个细胞一束； 4. 可见树胶； 5. 可见油细胞和（或）黏液细胞与射线薄壁细胞关联、油细胞和（或）黏液细胞与薄壁细胞关联。
木纤维	1. 木纤维类型 2. 细胞形状 3. 胞壁纹孔	1. 木纤维具单纹孔到有细小纹孔缘可见；分隔木纤维可见； 2. 木纤维细胞壁薄至厚； 3. 单纹孔到具细小纹孔缘。

续表

鉴别项目		鉴别结果
木射线	1. 射线种类 2. 射线组成 3. 射线排列 4. 射线高度 5. 特殊细胞 6. 射线内含物	1. 木射线宽 1～3 列； 2. 所有木射线细胞横卧；木射线细胞平卧其中 1 行直立，或是方形的边缘细胞； 3. 木射线非叠生； 4. 5～20 个细胞高度； 5. 未见； 6. 树胶。
树胶道	1. 轴向 2. 径向	1. 未见； 2. 未见。
其他特征	1. 内含韧皮部 2. 螺纹加厚	1. 不存在； 2. 不存在。
宏观特征	1. 生长轮 2. 心边材 3. 材色 4. 气味 5. 纹理 6. 结构 7. 其他 8. 木材密度	1. 生长轮界不明显或缺乏； 2. 无法区分心边材； 3. 腐朽材，无法描述木材具体颜色； 4. 腐朽材，无法描述木材具体气味； 5. 纹理直； 6. 结构细； 7. 未见； 8. 腐朽材，无法测量木材气干密度。
2020-141-7 号 图片		 横切面　　　　　　径切面　　　　　　弦切面
鉴别结果	中文名称： 拉丁名称： 科属名称：	楠木 *Phoebe* sp. 樟科楠属

注：木材具有一定的腐朽程度。

样品名称：　　古木　　　

鉴别项目		鉴别结果
样品状态	包装、尺寸	塑料样品袋包装；尺寸满足切片要求
轴向管胞	1. 细胞形状 2. 具缘纹孔 3. 螺纹加厚	1. 早材呈多角形，晚材呈四边形； 2. 早材管胞径壁上的纹孔主要为两列或多列； 3. 未见。
轴向 薄壁组织	1. 存在和排列 2. 横向端壁 3. 内含物	1. 轴向薄壁组织可见；排列星散状（在整个生长轮中均匀分布）、轮界状； 2. 横向端壁光滑； 3. 树胶。

鉴别项目		鉴别结果
木射线	1．宽度 2．高度 3．射线薄壁组织 4．射线管胞 5．交叉场纹孔 6．内含物	1．单列； 2．射线平均高度很低（小于5个细胞）、中等（5～15个细胞）、高（16～30个细胞）； 3．射线组织薄壁细胞端壁光滑（无纹孔）；射线薄壁细胞水平壁光滑（无纹孔）； 4．未见； 5．杉木型；纹孔个数1～3个、3～5个； 6．树胶。
树脂道		未见
宏观特征	1．生长轮 2．心边材 3．材色 4．气味 5．纹理 6．结构 7．木材密度	1．生长轮界不明显或缺乏、早材至晚材急变； 2．无法区分心边材； 3．腐朽材，无法描述木材具体颜色； 4．腐朽材，无法描述木材具体气味； 5．纹理直； 6．结构细； 7．腐朽材，无法测量木材具体密度。
其他特征		未见。
2020-141-3号图片		 横切面　　径切面　　弦切面
2020-141-4号图片		 横切面　　径切面　　弦切面
2020-141-6号图片		 横切面　　径切面　　弦切面
鉴别结果	中文名称： 拉丁名称： 科属名称：	水杉 *Metasequoia glyptostroboides* 杉科水杉属

注：木材具有一定的腐朽程度。

五　鉴定意见

荆州文物保护中心送检的编号为 2020-141-1 号、2020-141-2 号、2020-141-5 号检材为壳斗科（Fagaceae）锥木属苦槠（*Castanopsis* spp.）；第 2020-141-3 号、2020-141-4 号、2020-141-6 号检材为杉科（Taxodiaceae）水杉属水杉（*Metasequoia glyptostroboides*）；第 2020-141-7 号检材为樟科（Lauraceae）楠属楠木（*Phoebe* sp.）木材。

附录六　起凤山汉墓出土琉璃耳珰
检测报告

王颖竹[1]　刘勇[2]

（1. 首都博物馆　2. 中国社会科学院考古研究所）

　　起凤山汉墓位于江西省安福县，其中 M1 为西汉时期大型"甲"字形木椁墓，出土偶车马器和"东宫"等文字的漆器，为寻找西汉时期安成侯和安平侯的管辖区域提供重要线索。起凤山汉墓 M1 和 M7 出土有琉璃耳珰（图 1、2）。

　　采集 M1∶3 耳珰和 M7∶11 耳珰样品分别编号为 JAQ01 和 JAQ02，对其进行检测分析，以判明其结构特征和化学组成。分别采集 2 件耳珰的残渣，用环氧树脂镶嵌并进行打磨抛光。抛光后的样品先进行光学显微观察，后采用扫描电镜配备能谱仪观察表面形貌和化学组成。

图 1　起凤山汉墓出土琉璃耳珰 M1∶3

图 2　起凤山汉墓出土琉璃耳珰 M7∶11

一　实验条件

　　采用首都博物馆徕卡 4000M 型光学显微镜观察镶嵌样品表面。样品表面镀 Pt 层后，使用首都博物馆日立 S-3400N 型扫描电镜显微镜配备牛津 Xplore30 能谱仪进行表面观察与成分分析，高真空，加速电压 15kV，背散射模式下放大 100 倍至 2000 倍不等。能谱分析结果为归一化的数据。

二　实验结果

1. 光学显微观察

样品 JAQ01 和 JAQ02 均呈蓝色、半透明，质地均匀，观察不到气泡、孔洞和晶体。JAQ02 右下方有黄色物质，因其镶嵌于环氧树脂之下，难以放大倍数观察，但可推测可能是墓葬环境中的污染物附着于 JAQ02 琉璃耳珰之上（图 3、4）。

2. 扫描电镜能谱仪结果

样品 JAQ01 在扫描电镜下分别放大 100 倍和 2000 倍进行观察。样品整体匀质，在放大 2000 倍的情况下也没有气泡、空隙和晶体，观察结果与光学显微图像一致（图 5、6）。

能谱结果如表 1 所示，样品 JAQ01 的主要成分 PbO 含量为 30%、BaO 含量为 14%、SiO_2 含量约 40%，说明 JAQ01 是一件铅钡琉璃耳珰。此外，样品中还含有约 10% 的 Na_2O，如此高含量的钠显然不是其他原料引入的杂质，应是作为单独的原料添加进配方中的。在 100 倍下的能谱结

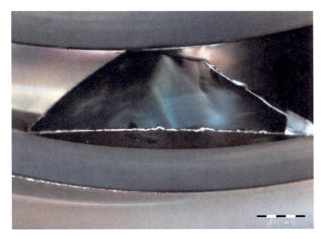

图 3　样品 JAQ01（100 倍）光学显微图像　　图 4　样品 JAQ02（100 倍）光学显微图像

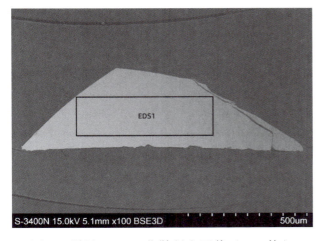
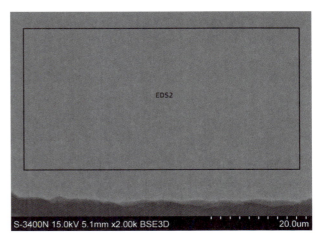

图 5　样品 JAQ01 背散射电子像（100 倍）　　图 6　样品 JAQ01 背散射电子像（2000 倍）

果还检测出 1.17% 的 CuO，是作为着色剂引入的。而 2000 倍下 CuO 含量低于检测限，可能是由于着色剂原料分布不均所致。

表 1 起凤山西汉墓琉璃耳珰 JAQ01 化学组成（wt%）

测试区域	Na₂O	MgO	Al₂O₃	SiO₂	Cl	K₂O	CaO	Fe₂O₃	CuO	BaO	PbO
EDS1	10.63	n.d.	n.d.	40.01	2.09	0.92	0.40	n.d.	1.17	14.28	30.50
EDS2	10.26	n.d.	n.d.	39.97	2.07	1.02	0.46	0.91	bd	14.59	30.73

样品 JAQ02 在扫描电镜下分别放大 170 倍和 800 倍进行观察（图 7、8）。样品整体匀质，在放大 800 倍的情况下也没有气泡、空隙和晶体，观察结果与光学显微图像一致。与 JAQ01 不同的是，JAQ02 上部边缘处灰度明显高于主体区域，在 800 倍下观察更为明显，可能是风化腐蚀造成某些元素流失所致。

样品 JAQ02 能谱结果如表 2 所示，EDS1 ～ 3 显示，JAQ02 的主要成分 K_2O 约 23%、SiO_2 约 65%，是一件钾玻璃器。此外，玻璃中还含有 Na_2O 约 2% 和 CaO 约 1%，两者可能也是作为助熔剂添加进配方中的。JAQ02 中还含有约 3% 的 Al_2O_3，究竟是其他原料引入的杂质还是作为单独原料添加进配方中，有待进一步研究。玻璃中的 MnO_2 和 Fe_2O_3 应当是着色剂。

能谱结果 EDS4 ～ 5 是玻璃上部边缘处的成分，对比 EDS1 ～ 3，SiO_2 含量增高至 80% 以上，而 K_2O 含量仅剩不足 4%，Na_2O 更是低于检测限，说明钾、钠流失严重，这是含钾、钠的玻璃风化腐蚀常见的一种现象。

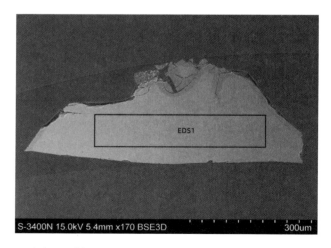

图 7 样品 JAQ02 背散射电子像（170 倍）

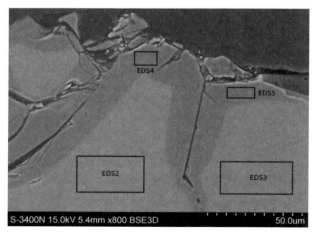

图 8 样品 JAQ02 背散射电子像（800 倍）

表 2　起凤山西汉墓琉璃耳珰 JAQ02 化学组成（wt%）

测试区域	Na$_2$O	MgO	Al$_2$O$_3$	SiO$_2$	K$_2$O	CaO	TiO$_2$	MnO$_2$	Fe$_2$O$_3$
EDS1	2.72	0.21	3.44	65.43	23.08	1.25	n.d.	1.50	2.37
EDS2	2.66	n.d.	3.26	65.59	23.20	1.34	n.d.	1.53	2.41
EDS3	2.59	0.16	3.33	65.55	23.23	1.28	n.d.	1.47	2.32
EDS4	n.d.	n.d.	4.08	85.49	3.72	1.50	0.28	1.95	2.99
EDS5	n.d.	n.d.	7.47	81.42	3.91	1.42	0.39	1.75	3.64

三　小结

起凤山 M1：3 耳珰为铅钡玻璃，M7：11 耳珰为钾玻璃。

附录七　起凤山汉墓椁板上纺织品
检测分析报告

王丹

（中国社会科学院考古研究所）

　　起凤山汉墓位于江西省吉安市安福县，由江西省文物考古研究院主持发掘，墓葬年代约为西汉晚期。其中于墓葬后室椁盖板上发现有疑似纺织品痕迹，并与相邻疑似漆皮粘为一处，由于现场条件有限无法做出准确判断，遂提取样品若干至我所进行实验室检测分析，现将其结果记录如下。

　　现场提取样品共 4 片，可分为两组，其中 3 片于一处提取，属于一个单位，可分为一组；另 1 片单独提取，为第二组。两组样品均为碎片，有一定厚度，均呈现为一面表层隐约可见纺织品结构，其下部似为较厚的多层大漆。此次讨论希望解决的重点问题为：肉眼隐约可见的那层疑似纺织品是否确为织物？如是织物是否作为独立的一层覆盖于其下疑似大漆层的表面？抑或只是作为某种漆器髹漆工艺的组成部分？针对于此我们制定的相应解决方案为尽量将样品分层解剖，提取疑似织物层，并对解剖得到的每一层单独检测分析，借助三维视频显微镜、扫描电子显微镜等对样本做形态学观察，继而利用 X 荧光光谱仪、傅里叶红外光谱仪及拉曼光谱仪等检测设备对各层成分进行准确检测记录。

一　形貌观察

1. 第一组

　　第一组的 3 片样品取于同一位置，归属为同一单位，因结构、属性完全一致，现以 2 号样品为代表，合并讨论。2 号样品呈不规则形，长约 2.4、宽约 2 厘米，表面呈深黑褐色局部见有红色（图 1）。经解剖可明确分解为多层（图 2），由于部分层位延展性不好，实际层数应更多。

　　其中样本的一侧即最下面一层，在显微镜下有明显的纺织物编织痕迹，其经纬线组织结构隐约可见，疑似为织物层。同时，还可看出该层疑似织物表面明显覆盖有一层褐色物质，使织物表面呈现自然光泽（图 3）。经小心揭取，疑似织物表面可揭得小片的一层深褐色膜状物（图 4）；同样，这层疑似织物层的反面亦可揭取得一层形貌一致的深褐色膜状物（图 5），这两层膜状物形貌均与氧化后的大漆较为近似。而正反两面都揭取了膜状物后，中间的疑似织物层经纬线结构显露，其织物特征变得更为清晰了（图 6）。

图 1　2 号样本平面形貌

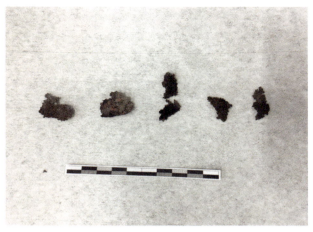

图 2　2 号样品可明显解剖为多层

图 3　2 号样品疑似织物层表面形貌

图 4　2 号样品于疑似织物层正面揭取的漆膜状物

图 5　2 号样品疑似织物层反面揭取的漆膜状物

图 6　2 号样品正反两面揭取膜状物后

除该疑似织物层外，2号样品解剖后的各层呈现出不一样的形态，主要为3种，一为表面布满一层黑色颗粒状物（图7）；一为表面满布灰白色颗粒状物（图8）；一为呈朱红色（图9）。3种状态均多层分布，且不能完全分离。

2. 第二组

第二组为单独的一片4号样本，平面亦呈不规则形，长约3.2、宽约2.5厘米，表面亦呈深黑褐色（图10），与第一组样品相较，第二组样品明显更厚，最厚处约3毫米。也能分层，但是不似第一组样品那样各层延展性强，大多不能完整分离。

第二组样品与第一组样品一致，样品的一面也可见明显的疑似纺织物形貌，其下为较厚的疑似大漆层。疑似织物层也可独立揭取，其表面也有深褐色光泽（图11），但与第一组不同的是，该织物层的表面并不能揭取下一层漆膜状物。下部的疑似大漆部分也可分成整体呈黑色、呈灰白色与呈朱红色三种，但是第二组样品各层的延展性不强，很难整体分离（图12、13），从侧面看这3种形态交替呈多层分布，具体层数与排列方式需进一步分析。

图7　2号样品分解后呈黑色　　　图8　2号样品分解后呈灰　　　图9　2号样品分解后呈朱红
　　　　层（35倍）　　　　　　　　　　白色层（35倍）　　　　　　　　色层（35倍）

图10　4号样品平面形貌　　　　　　　　图11　4号样品疑似织物层

图 12　4 号样品黑色层附灰白色层

图 13　4 号样品红色层附部分黑色层

二　测试分析

1. 红外光谱分析

为确定疑似织物层的属性，我们对于两组样品的疑似织物层都进行了傅里叶红外光谱测试（图 14～16），2 号样品检测位置为表面揭取了一层漆膜状物后的组织结构更为清晰的疑似织物表面；4 号样品检测位置即为疑似织物表面。

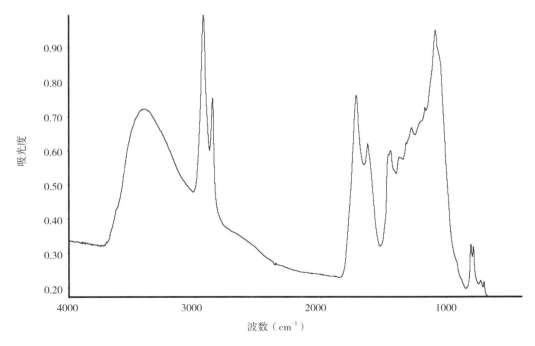

图 14　2 号样品大漆红外光谱

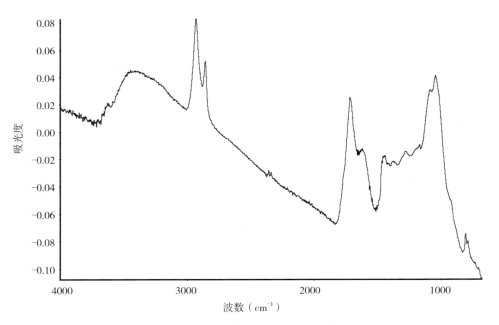

图 15　4 号样品大漆红外光谱

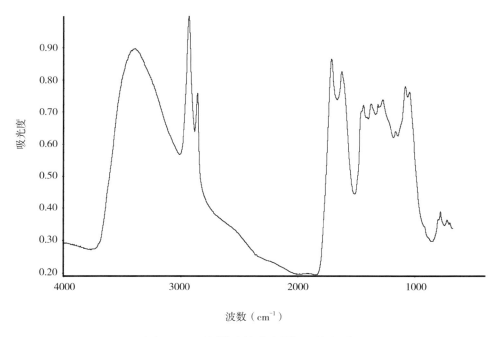

图 16　2 号样品植物纤维红外光谱

　　检测结果显示：①揭取了漆膜状物后的 2 号样品疑似织物层表面，和 4 号样品的疑似织物层表面均显示有明显的大漆成分；②两种样品疑似织物层均显示有明显的植物纤维成分。

　　根据此结果我们可以基本确定，两组样品的疑似织物层均可确定为植物纤维质纺织物；而其表面均髹有大漆，特别是第一组样品，从织物层表面可以明显揭取漆膜，揭取后织物表面仍然有大漆成分，表明制作时织物表面曾经髹漆多层。

2. 扫描电镜及能谱分析

为了解样品各层不同形貌的属性，我们又对分解后的各种形貌做了电子扫描显微镜及能谱观察，共选取 3 个测试样，其中 A 为疑似漆膜层；B 为表面呈黑色层；C 为表面呈灰白色层。

从显微形貌看样品 A 主要为有机质形貌，延展性高，其中掺杂少量无机颗粒；能谱显示同样以 C、O 为主，伴有少量 K、Ca、Si、Al 等元素，应是沾染的土壤成分（图 17）。其属性与推测的疑似大漆层基本一致。

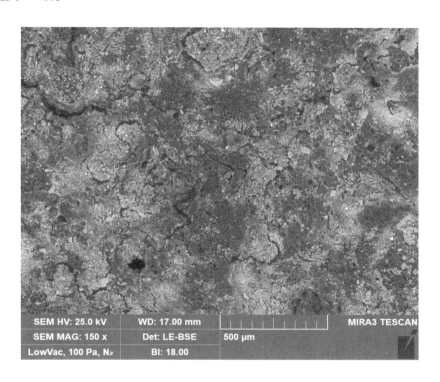

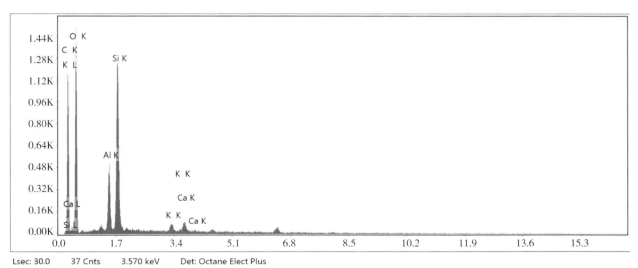

图 17　样品 A 显微形貌及能谱分析

样品 B 的显微形貌为遍布植物碎屑状，碎屑在 1000 倍下观察具有典型的木本植物特征，并明显可见多处亮白色氧化钙颗粒，推测是植物燃烧后形成。且从灰度上观察整体非常均匀，虽然形貌上看似有一些矿物小块，但是能谱分析结果却非常一致，均为较高的 C 和 Ca（图 18）。推测这种整体呈黑色状的分层应为大漆中加入了燃烧后的草木灰，且为高钙木灰的可能性很大。

样品 C 从显微形貌看，似加入一层硅酸盐类物质，且研磨得非常精细，能谱分析显示掺入物应为石英；另外，显微观察样品并没有见到加入植物碎屑，但是从能谱看 C 的含量依然很高，据此推测该层为用大漆调和的研磨得非常细的砂子（图 19）。

3. 拉曼光谱分析

两组样品分层中形貌呈朱红色者，使用拉曼光谱测试显示，其表征与 HgS 高度一致，基本可推断其成分即为我国古代常见的红色颜料"朱砂"（图 20）。

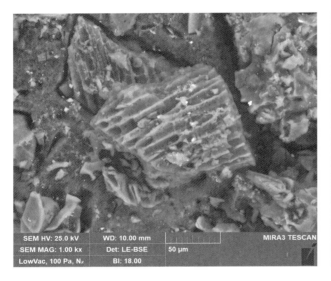

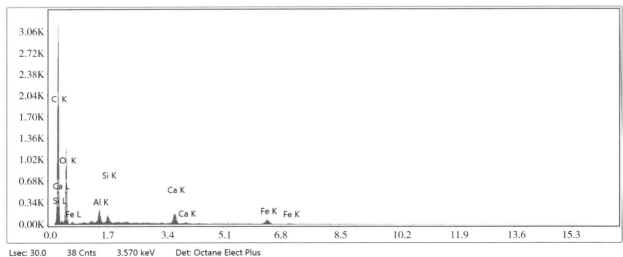

图 18　样品 B 显微形貌及能谱分析

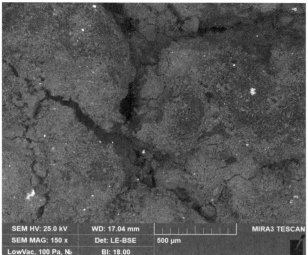

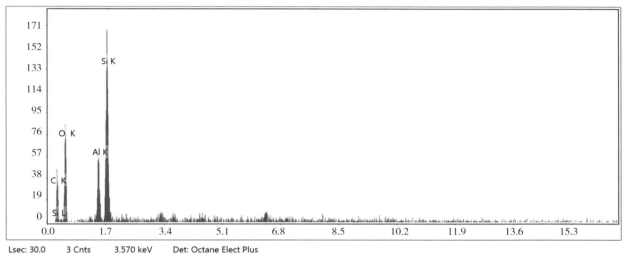

图 19　样品 C 显微形貌及能谱分析

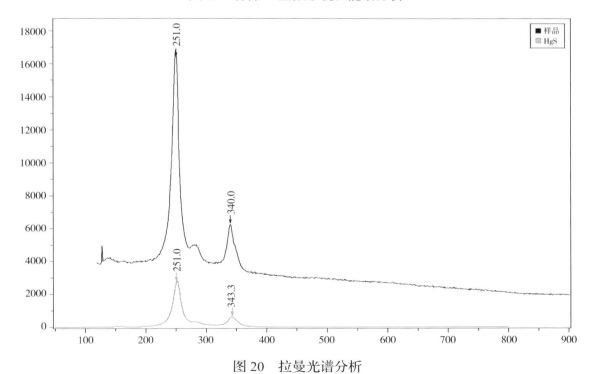

图 20　拉曼光谱分析

三　结论

通过一系列的检测分析，我们基本可得出一些结论。首先，两种样品上都具有的那层肉眼可见有织物编织组织的疑似织物层，经检测确为纺织物。虽然因为编织线有机质纤维成分早已朽蚀，很难采用常规纺织品检测手段确定其具体纤维属性，但是通过红外光谱分析可知，两组样品的织物层都具有植物纤维的典型特征，可排除动物纤维的可能性。另外，取第一组样品揭除表面漆膜层后得到的织物层和第二组样品的织物层于显微镜下测量，第一组样品织物经线投影宽约0.47～0.48毫米，密度为8根/厘米，纬线投影宽0.48～0.49毫米，密度为13.5根/厘米。第二组样品经线投影宽0.62～0.69毫米，密度为13根/厘米，纬线投影宽0.75～0.79毫米，密度也为13根/厘米。从纱线宽度和密度看，这两组样品的织物织造均较为粗糙，结合西汉时期的时代特征，也可以证明，这两种织物应该为麻葛类织物。

其次，红外光谱显示两种织物表面均髹有大漆，特别是第一组样品，从织物层表面都可以明显揭取下漆膜，揭取下一层漆膜后织物表面仍然有大漆成分，据此基本可以断定，这两组样品的织物层，都排除了为覆盖于漆器表面的独立存在的纺织物的可能性，也就是说排除了织物属于荒帷的可能性；而且据目前所知已发现的荒帷均是丝帛织物，也未见麻葛类织物的先例。那么我们可以判定，取得的这两组样品的属性，应都是以植物纤维织物为胎的漆器，推测可能为漆棺或椁的一部分。但是明显地，这两组样品，无论从厚度、制作工艺还是织物密度上均有较大区别，肯定分属于两件不同器物。

最后，通过扫描电镜和能谱的分析，我们了解了样品各层漆膜的成分，其中呈现为黑色者为大漆中加入草木灰，呈灰白色者为大漆中加入研磨得非常细的砂子，呈朱红色者为大漆中加入朱砂。按照文献中记载的传统漆器制作工艺，漆木器制作时确实会于大漆中加入漆灰，以辅助达到平整和美观的效果，而朱砂也是文献及以往考古发现中见到的传统漆器的制作材料，与我们检测结果相合。同时通过这次检测我们对西汉时期的具体漆灰成分取得了充分了解，而且从显微成像可见，这几种掺和物都经过了遴选和仔细研磨，且各种颜色层有规律重叠反复多次出现，制作工艺非常精细，应该与起凤山墓葬主人身份的尊贵程度有关，代表了当时相关工艺的较高水平。

附录八 起凤山汉墓椁室内疑似纺织物检测报告

王丹

（中国社会科学院考古研究所）

　　江西省吉安市安福县起凤山汉墓，墓室内椁底板上布满由于上层椁盖板部分坍塌而掉落入椁室内的积炭碎屑，其间散落混杂着零星疑似纺织品残片遗迹，纺织品残片几乎遍布椁底板各处。据观察这些纺织品残片形貌较为均匀，皆为织造略显粗糙的织物，从织物密度推测应以麻类织物为主，多数织物残片肉眼观察显得较为硬挺，似非独立织物层，推测均可能与表面髹漆有关。其中一处可见呈多层织物重叠状，取残片一块以此为例进行实验室测试分析，其结果如下：

　　所取残片呈不规则状，长宽约 4 厘米 ×3 厘米，提取时呈深黑色，相较于普通织物手感略硬但有一定韧性；实验室内干燥后残片表面呈黑褐色，硬度增强（图 1、2）。

　　该测试疑似织物残片待实验室干燥后便自然分离为几层，借助工具揭展后共分离出 6 层，现依次对揭取所得的各层正反两面进行显微观察（图 3 ～ 14）。

图 1　椁室内疑似织物遗迹

图 2　样品干燥后状态

图 3　第一层正面

图 4　第一层反面

图 5　第二层正面

图 6　第二层反面

图 7　第三层正面

图 8　第三层反面

图 9　第四层正面　　　　　　　　　　图 10　第四层反面

图 11　第五层正面　　　　　　　　　　图 12　第五层反面

图 13　第六层正面　　　　　　　　　　图 14　第六层反面

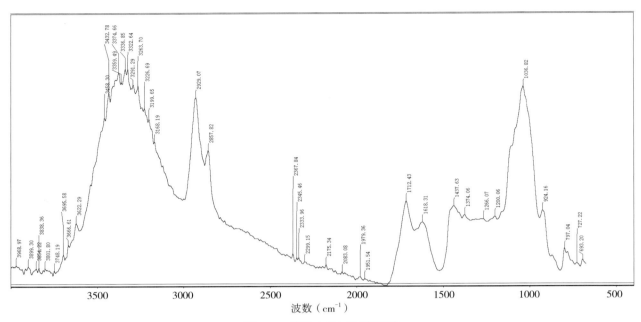

图 15 织物红外光谱测试

从显微照片上清晰可见，各层疑似织物层表面均有附着物覆盖，附着物呈黑褐色膜状或黑色固体层状，表面还有白色颗粒状物，各层附着物形貌非常一致，应为一种成分。我们取其中一点进行傅里叶红外光谱测试，测试结果显示该样品具有典型的大漆的成分（图 15）。

根据测试结果我们可以清晰地认识到，这块疑似多层纺织物叠压的残片样品，其各层无论正面还是反面的表面均髹有大漆层，而其上那些呈黑色的固体堆积层及表面的白色颗粒推测应为以大漆调和的漆灰成分。据此我们基本可以判断，此次检测的层叠状的疑似纺织品标本，绝非独立的纺织物，而应是某件漆器上所用的多层褙布层，因为所取样品为残片，该漆器褙布的具体情况不明。又由于起凤山汉墓椁室内所见的众多疑似纺织品痕迹均与此次取样者状态类似，遂几乎可以推论出，遍布于椁室各处的状似纺织物的痕迹可能多为墓葬中原随葬的各种漆器由于墓室坍塌及进水后散落漂浮至各处的漆器布胎碎片，非独立的纺织品遗物。

附录九　起凤山铁器样品分析检测报告

李文欢

（江西省文物考古研究院）

一　铁器取样信息

　　遵循最小干预原则对安福起凤山汉墓出土铁器进行取样，取样部位均为器物残缺处，所取样品来自 13 件铁器，合计 14 个样品（图 1 ～图 14）（样品 AFQFS-12 和 AFQFS-13 来自同一铁器的两处不同残断位置）。

图 1　AFQFS-1（取样标记图）

图 2　AFQFS-3（取样标记图）

图 3　AFQFS-4（取样标记图）

图 4　AFQFS-5（取样标记图）

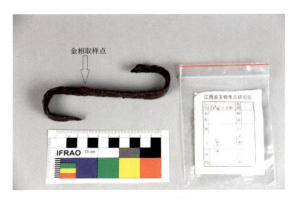

图 5　AFQFS-6（取样标记图）

图 6　AFQFS-7（取样标记图）

图 7　AFQFS-8（取样标记图）

图 8　AFQFS-9（取样标记图）

图 9　AFQFS-10（取样标记图）

图 10　AFQFS-11（取样标记图）

图 11　AFQFS-12（取样标记图）

图 12　AFQFS-13（取样标记图）

图 13　AFQFS-14（取样标记图）　　　　　图 14　AFQFS-15（取样标记图）

二　实验方法

安福起凤山汉墓出土 13 件铁器所取 14 个样品（表 1），在实验室依据标准金相样品制备方法进行镶嵌、打磨、抛光，使用金相显微镜、扫描电镜能谱仪（SEM-EDS）对样品进行分析。通过获取样品金相显微组织及夹杂物的形貌及成分信息，可对铁器的材质及制作工艺进行综合判断。

1. 金相显微分析

为了解铁器的制作工艺及材质类型，本次实验对所有样品进行了金相分析，在金相显微镜下对比观察未浸蚀和 4% 硝酸酒精溶液浸蚀后的样品情况，拍摄样品的显微组织结构照片，所用仪器型号为 ZEISS 蔡司 Axio Imager.M2m。

2. 扫描电镜能谱仪（SEM-EDS）分析

为探究铁器的化学成分和夹杂物形貌特征，利用扫描电镜能谱仪（SEM-EDS）对样品进行半定量成分分析。将浸蚀过的样品经重新抛光并做喷铂处理后，在低倍数下选取 3 ～ 5 个微区进行能谱成分分析，取平均值作为最终结果。使用仪器为 Phenom 公司生产的飞纳台式 Phenom XL 型扫描电镜及 AMETEK FAST SDD 能谱仪，测试时加速电压为 15kV，采谱时间为 60 秒。

表 1　安福起凤山汉墓出土铁器所取样位置

考古编号	样品编号	器物名称	取样部位
M7：12	AFQFS-1	铁环首刀	刀刃尖端边缘
M6：9	AFQFS-3	铁钩	铁钩钩柄处
M6：10	AFQFS-4	铁钩	铁钩钩柄处
M6：11	AFQFS-5	铁钩	铁钩钩柄处
M6：12	AFQFS-6	铁钩	铁钩钩柄处
M6：13	AFQFS-7	铁环首刀	刀刃断裂处边缘

续表1

考古编号	样品编号	器物名称	取样部位
M6：14	AFQFS-8	铁环首刀	刀背前端边缘
M6：16	AFQFS-9	铁环首刀	刀刃尖端边缘
M6：19	AFQFS-10	铁环首刀	刀刃尖端边缘
M6：20	AFQFS-11	铁环首刀	刀背尖端边缘
M6：22(1)	AFQFS-12	铁环首刀	刀刃中段边缘
M6：22(2)	AFQFS-13	铁环首刀	刀刃尖端边缘
M6：23	AFQFS-14	铁环首刀	刀刃断裂处边缘
M6：21	AFQFS-15	铁剑	剑身和剑柄衔接处边缘

三　实验结果

根据金相显微镜、扫描电镜能谱仪（SEM-EDS）观察和分析，综合判断出安福起凤山汉墓出土铁器的制作工艺以锻造为主，其材质分为 2 个类型：块炼渗碳钢制品、炒钢制品。

（一）金相显微分析

通过金相显微镜观察，该墓大部分铁器样品均已锈蚀、严重矿化，使用 4% 硝酸酒精溶液浸蚀并对比浸蚀前后情况，结果显示无变化。但是，其中有 6 个样品（来自 5 件铁器）存在少部分金属基体，包括样品 AFQFS-6，样品 AFQFS-8，样品 AFQFS-9，样品 AFQFS-12，AFQFS-13 以及样品 AFQFS-14，可观测浸蚀后金相组织。

1. 块炼渗碳钢制品显微组织结构

样品 AFQFS-6 为块炼渗碳钢制品，共计 1 个样品（来自 1 件铁器），根据金相显微分析其金相组织为铁素体（图 15）。

2. 炒钢制品显微组织结构

样品 AFQFS-8，样品 AFQFS-9，样品 AFQFS-12，样品 AFQFS-13 以及样品 AFQFS-14 为炒钢制品，共计 5 个样品（来自 4 件铁器，样品 AFQFS-12、AFQFS-13 为同一铁器所取 2 个样品），分别表现为组织均匀或组织分层（图 16 ～图 19）。

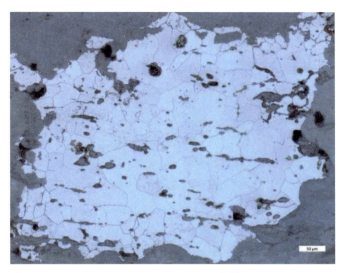

图 15　AFQFS-6（铁素体）

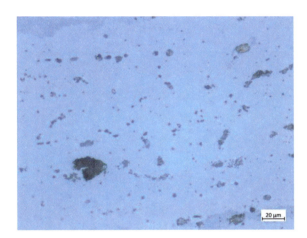

图 16　AFQFS-8（珠光体）

图 17　AFQFS-9
（边缘珠光体＋渗碳体，过渡层和中间为珠光体）

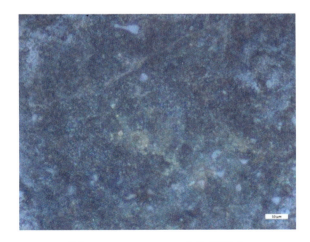

图 18　AFQFS-12（珠光体）

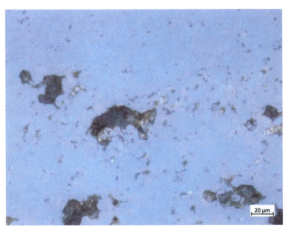

图 19　AFQFS-14（珠光体）

3. 完全矿化样品显微组织结构

除上述样品外，其余该墓出土铁器所取的样品均表现为完全矿化，共计8个样品（来自8件铁器），其浸蚀后金相显微组织图如下（图20～图27）。

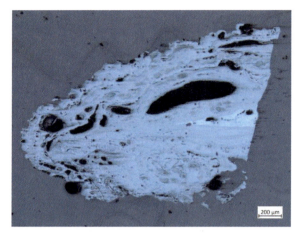

图20　AFQFS-1（完全矿化）

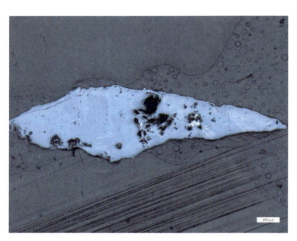

图21　AFQFS-3（完全矿化）

图22　AFQFS-4（完全矿化）

图23　AFQFS-5（完全矿化）

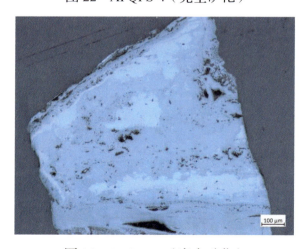

图24　AFQFS-7（完全矿化）

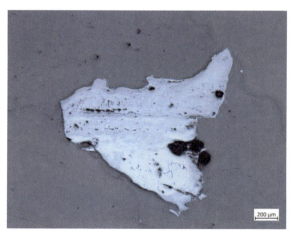

图25　AFQFS-10（完全矿化）

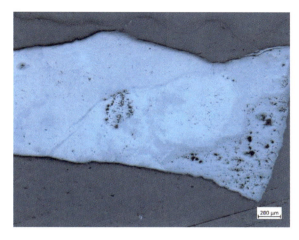
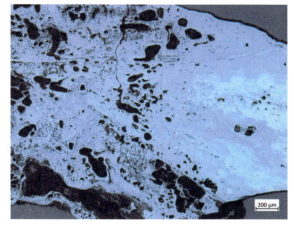

图 26　AFQFS-11（完全矿化）　　　　　　图 27　AFQFS-15（完全矿化）

4. 安福起凤山汉墓出土铁器金相显微组织观察结果汇总

该墓出土铁器 14 个样品的具体金相显微组织结构描述见表 2。

表 2　安福起凤山汉墓出土铁器样品金相显微组织观察结果

样品编号	金相组织描述	材质	制作工艺
AFQFS-1	完全矿化	-	-
AFQFS-3	完全矿化	-	-
AFQFS-4	完全矿化	-	-
AFQFS-5	完全矿化	-	-
AFQFS-6	大部分已被自然腐蚀，残余金属基体金相组织为铁素体，含碳量低于 0.02%，夹杂物呈明显的方向性分布。	块炼渗碳钢	锻造
AFQFS-7	完全矿化	-	-
AFQFS-8	大部分已被自然腐蚀，残余金属基体金相组织为珠光体，含碳量约为 0.8%。	炒钢	锻造
AFQFS-9	大部分已被自然腐蚀，残余金属基体金相组织显示存在明显不同含碳量分层现象，各层中含碳均匀。1. 边缘部位高碳层为珠光体和渗碳体组成的过共析钢组织，含碳量约为 1.2%；2. 边缘过渡至中间部位的低碳层以珠光体共析钢组织为主，含碳量约为 0.8%；3. 中间主体部位均为低碳层，珠光体共析钢组织，含碳量约为 0.8%。	炒钢	折叠锻打
AFQFS-10	完全矿化	-	-
AFQFS-11	完全矿化	-	-
AFQFS-12	大部分已被自然腐蚀，残余金属基体金相组织为珠光体，含碳量约为 0.8%。	炒钢	锻造

续表 2

样品编号	金相组织描述	材质	制作工艺
AFQFS-13	大部分已被自然腐蚀，残余金属基体金相组织为珠光体，含碳量约为0.8%。	炒钢	锻造
AFQFS-14	大部分已被自然腐蚀，残余金属基体金相组织为珠光体，含碳量约为0.8%。	炒钢	锻造
AFQFS-15	完全矿化	-	-

（二）扫描电镜能谱仪 SEM-EDS 面扫、夹杂物形貌及成分分析

通过扫描电镜能谱仪（SEM-EDS）分析，安福起凤山汉墓大部分铁器样品由于严重矿化，已无法有效观测其夹杂物形貌并对其进行成分分析，但样品 AFQFS-6，样品 AFQFS-8，样品 AFQFS-9，样品 AFQFS-12，样品 AFQFS-13 以及样品 AFQFS-14（共计 6 个样品，来自 5 件铁器）存在少部分金属基体，可观测其夹杂物形貌特征，并对其进行成分分析。

1. 扫描电镜能谱仪 SEM-EDS 面扫分析

利用扫描电镜能谱仪（SEM-EDS）对该墓铁器样品进行半定量成分分析，面扫结果显示 Mg、K、Na 元素含量甚微；P 和 Ca 含量分布不均匀，其中 P 元素测量值波动范围在 0.06% ~ 0.57% 之间，Ca 元素测量值波动范围在 0.01% ~ 0.32% 之间，各样品面扫背散射电子像及成分分析谱图见下（图 28 ~ 图 41）。

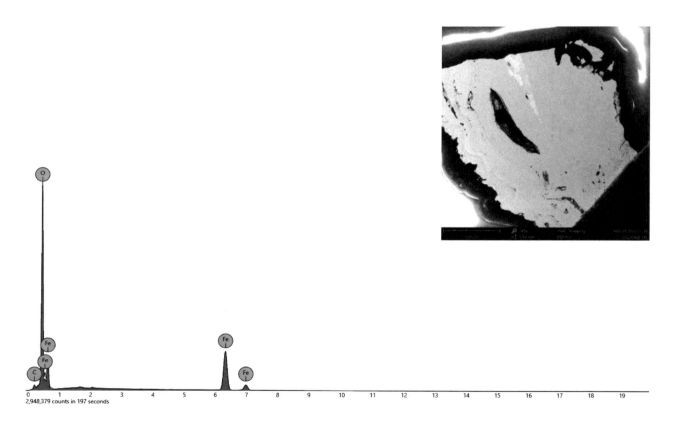

图 28　样品 AFQFS-1 面扫背散射电子像及成分分析谱图

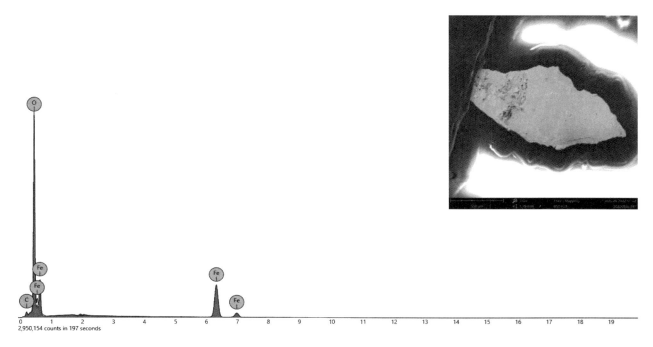

图 29　样品 AFQFS-3 面扫背散射电子像及成分分析谱图

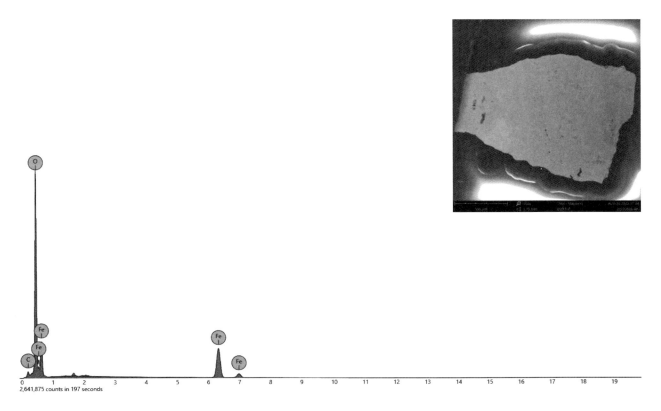

图 30　样品 AFQFS-4 面扫背散射电子像及成分分析谱图

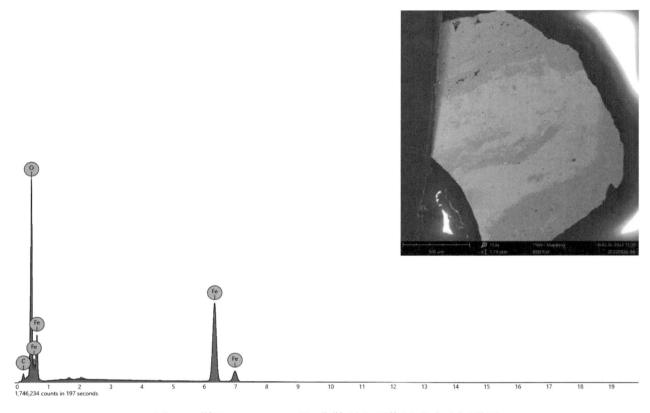

图 31　样品 AFQFS-5 面扫背散射电子像及成分分析谱图

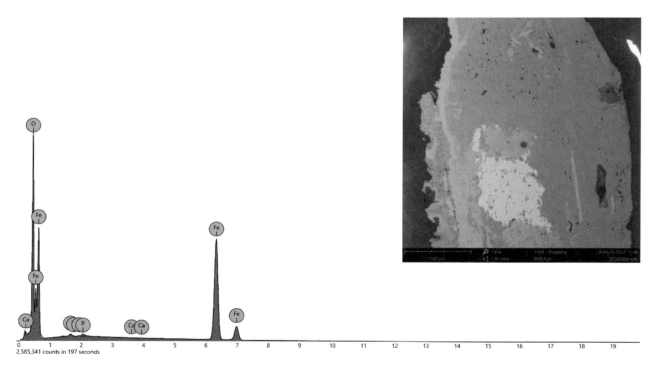

图 32　样品 AFQFS-6 面扫背散射电子像及成分分析谱图

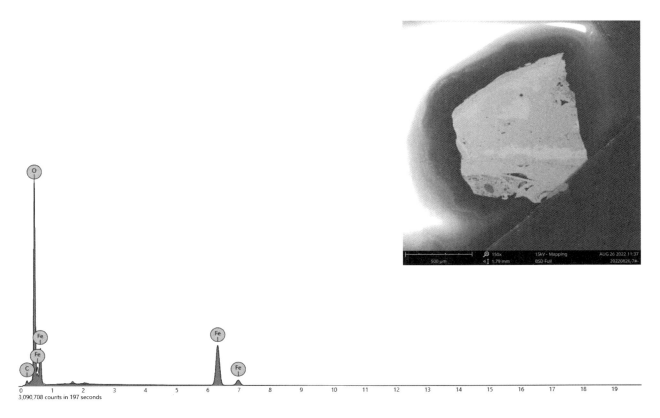

图 33　样品 AFQFS-7 面扫背散射电子像及成分分析谱图

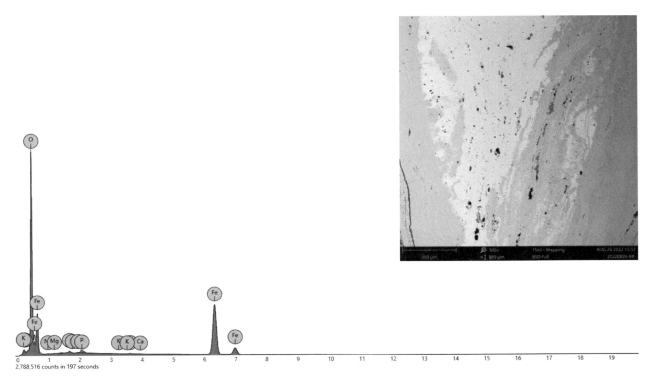

图 34　样品 AFQFS-8 面扫背散射电子像及成分分析谱图

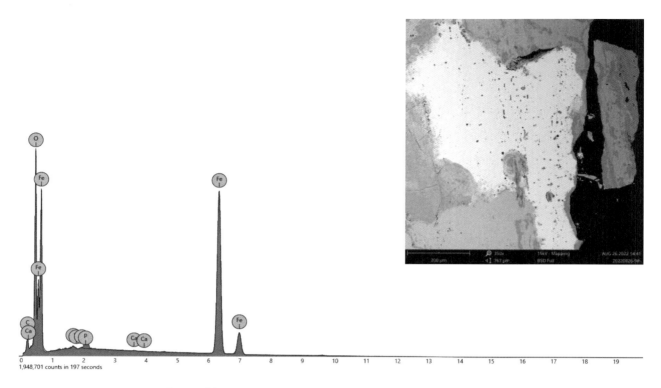

图 35　样品 AFQFS-9 面扫背散射电子像及成分分析谱图

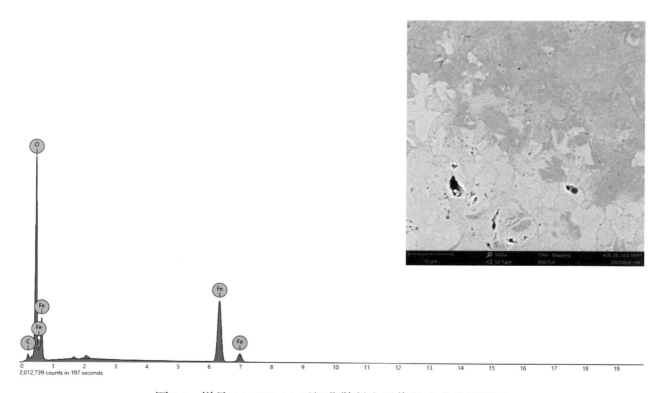

图 36　样品 AFQFS-10 面扫背散射电子像及成分分析谱图

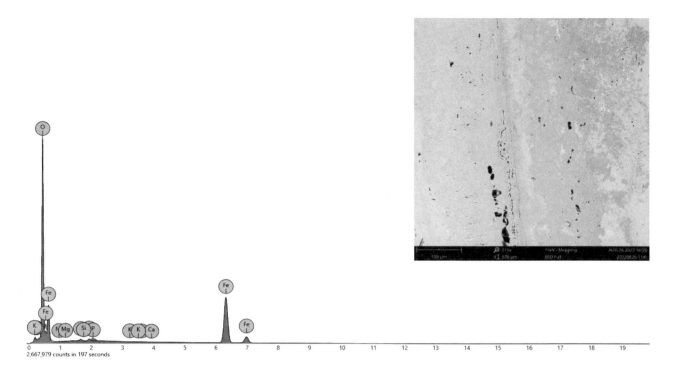

图 37　样品 AFQFS-11 面扫背散射电子像及成分分析谱图

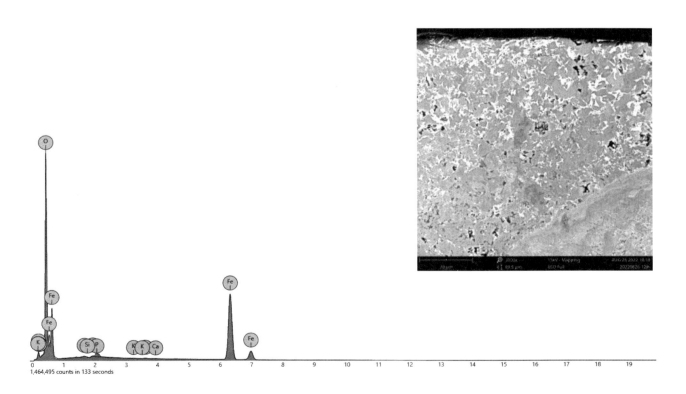

图 38　样品 AFQFS-12 面扫背散射电子像及成分分析谱图

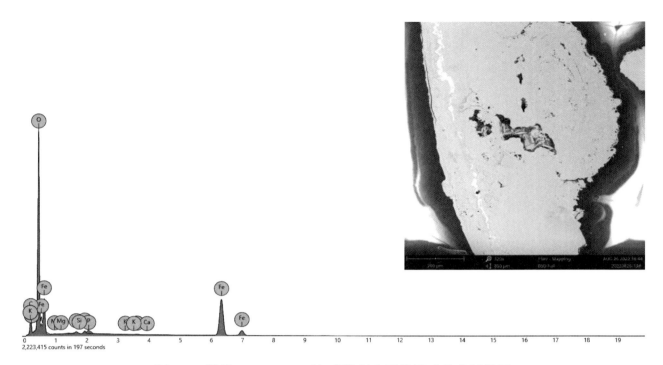

图 39　样品 AFQFS-13 面扫背散射电子像及成分分析谱图

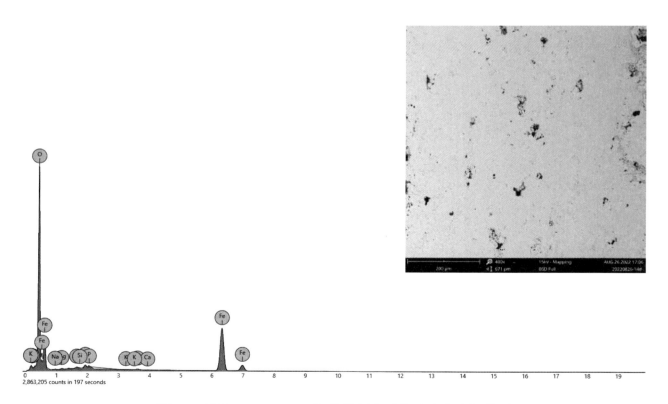

图 40　样品 AFQFS-14 面扫背散射电子像及成分分析谱图

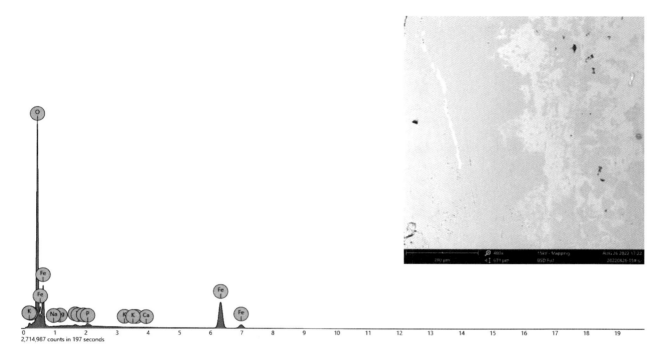

图41　样品 AFQFS-15 面扫背散射电子像及成分分析谱图

该墓出土铁器 14 个样品的面扫基体成分结果见表 3。

表3　安福起凤山汉墓出土铁器 SEM-EDS 面扫分析结果（wt%）

考古编号	实验编号	分析点	Fe	Si	P	Ca	Mg	K	Na	O	C
M7：12	AFQFS-1	面扫	58.99	n.d	n.d	n.d	n.d	n.d	n.d	38.94	2.07
M6：9	AFQFS-3	面扫	55.22	n.d	n.d	n.d	n.d	n.d	n.d	42.36	2.42
M6：10	AFQFS-4	面扫	51.87	n.d	n.d	n.d	n.d	n.d	n.d	44.91	3.22
M6：11	AFQFS-5	面扫	71.65	n.d	n.d	n.d	n.d	n.d	n.d	25.44	2.91
M6：12	AFQFS-6	面扫	78.48	0.24	0.06	n.d	n.d	n.d	n.d	21.22	n.d
M6：13	AFQFS-7	面扫	59.94	n.d	n.d	n.d	n.d	n.d	n.d	38.00	2.06
M6：14	AFQFS-8	面扫	65.78	0.29	0.11	0.13	0.08	0.01	0.17	33.43	n.d
M6：16	AFQFS-9	面扫	80.63	0.16	0.10	0.06	n.d	n.d	n.d	15.04	4.01
M6：19	AFQFS-10	面扫	67.21	n.d	n.d	n.d	n.d	n.d	n.d	30.00	2.79
M6：20	AFQFS-11	面扫	64.03	0.25	0.44	0.04	n.d	n.d	0.05	35.19	n.d
M6：22(1)	AFQFS-12	面扫	67.69	0.15	0.16	0.13	n.d	0.03	n.d	28.80	3.04
M6：22(2)	AFQFS-13	面扫	47.81	0.29	0.51	0.12	0.02	0.01	0.09	40.75	10.40

考古编号	实验编号	分析点	Fe	Si	P	Ca	Mg	K	Na	O	C
M6：23	AFQFS-14	面扫	61.60	0.20	0.53	0.32	0.22	0.03	0.18	36.92	n.d
M6：21	AFQFS-15	面扫	52.84	0.30	0.10	0.01	0.11	n.d	0.15	46.49	n.d

注：已归一化处理，n.d 表示未检出。

2.扫描电镜能谱仪 SEM-EDS 夹杂物形貌及成分分析

（1）块炼渗碳钢制品夹杂物形貌及成分分析

安福起凤山汉墓出土铁器样品 AFQFS-6 为块炼渗碳钢制品，其所观测 4 处夹杂物均以氧化亚铁 - 铁橄榄石型硅酸盐 $FeO-Fe_2SiO_4·SiO_2$ 夹杂为主，少量氧化亚铁 FeO 夹杂。夹杂物变形量小但沿加工方向排列（图 42 ～图 45）。

样品 AFQFS-6 的夹杂物成分当中总体表现为 Fe 元素含量高、Si 元素含量低；P、Ca 等元素含量不均匀，波动较大；含极少量 Al 元素，未见 K、Mg 元素。分析结果见表 4。

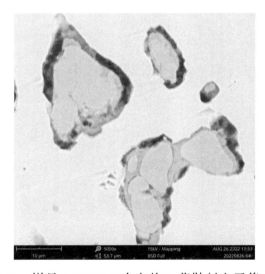

图 42　样品 AFQFS-6 夹杂物 1 背散射电子像

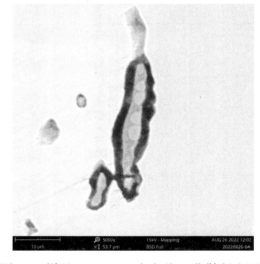

图 43　样品 AFQFS-6 夹杂物 2 背散射电子像

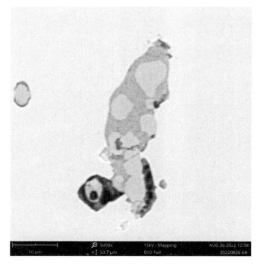

图 44　样品 AFQFS-6 夹杂物 3 背散射电子像

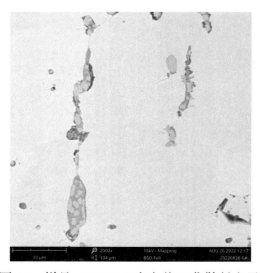

图 45　样品 AFQFS-6 夹杂物 4 背散射电子像

表 4　样品 AFQFS-6 的夹杂物成分分析结果（wt%）

夹杂物序号	分析点	Fe	O	C	Si	P	Al	Ca
1	点扫 1	74.80	22.48	2.61	0.11	n.d	n.d	n.d
	点扫 2	54.22	30.61	3.90	7.27	3.12	0.59	0.29
2	点扫 1	76.49	23.27	n.d	0.19	0.05	n.d	n.d
	点扫 2	75.61	23.72	n.d	0.44	0.18	n.d	0.05
	点扫 3	49.50	32.44	7.51	6.64	2.40	0.92	0.59
	点扫 4	40.88	31.95	17.62	6.96	2.19	n.d	0.40
3	点扫 1	74.21	22.67	2.98	0.11	0.03	n.d	n.d
	点扫 2	53.63	31.86	n.d	9.93	3.15	0.87	0.56
	点扫 3	38.55	9.33	50.92	0.82	0.23	n.d	0.15
	点扫 4	59.69	6.89	33.07	0.19	0.03	n.d	0.13
	点扫 5	74.10	22.57	3.20	0.13	n.d	n.d	n.d
4	点扫 1	74.08	22.55	3.17	0.17	n.d	n.d	0.03
	点扫 2	73.31	22.38	4.14	0.17	n.d	n.d	n.d
	点扫 3	73.12	22.58	4.16	0.14	n.d	n.d	n.d
	点扫 4	72.91	22.77	4.16	0.09	0.07	n.d	n.d
	点扫 5	73.13	22.78	3.97	0.08	0.02	n.d	0.02
	点扫 6	53.55	30.26	4.04	8.35	2.58	0.75	0.47
	点扫 7	54.35	29.05	4.38	7.47	2.63	1.49	0.63
	点扫 8	52.28	30.68	4.88	8.06	2.77	0.88	0.45
	点扫 9	49.55	31.33	5.31	8.46	3.55	0.59	1.21
	点扫 10	57.64	28.19	4.34	5.58	2.12	1.72	0.41

注：已归一化处理，n.d 表示未检出。

（2）炒钢制品夹杂物形貌及成分分析

安福起凤山汉墓出土铁器当中，①样品 AFQFS-8、②样品 AFQFS-9、③样品 AFQFS-12 和样品 AFQFS-13（两者为同一铁器所取 2 个样品，以下以 AFQFS-13 举例描述）、④样品 AFQFS-14 为炒钢制品。

①样品 AFQFS-8 的夹杂物形貌及成分分析

样品 AFQFS-8 的夹杂物以单相玻璃态硅酸盐 SiO_2 夹杂为主，偶见氧化亚铁—橄榄石型 $FeO \cdot Fe_2SiO_4$ 夹杂，总体呈细小状且沿加工方向变形拉长（图 46、47）。

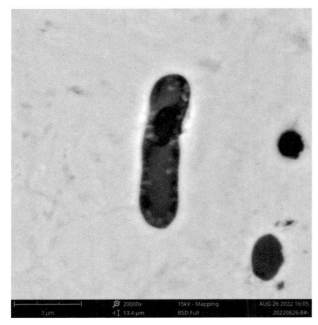

图 46　样品 AFQFS-8 夹杂物 1 背散射电子像

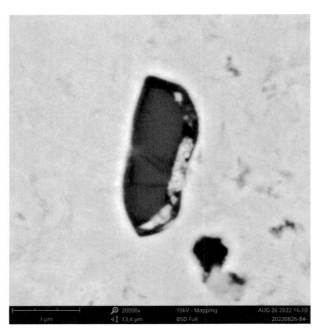

图 47　样品 AFQFS-8 夹杂物 2 背散射电子像

样品 AFQFS-8 的夹杂物成分 Si、Al 元素含量高，Fe 元素含量低；P、Ca、K、Mg、Na 等元素含量较为均匀。分析结果见表 5。

表 5　样品 AFQFS-8 的夹杂物成分分析结果（wt%）

夹杂物序号	分析点	Fe	O	Si	P	Al	Ca	K	Mg	Na	Ti
1	点扫 1	28.10	42.97	19.89	0.12	5.99	0.79	1.55	0.36	0.23	n.d
	点扫 2	72.70	16.12	4.76	0.19	5.31	0.23	0.25	0.10	0.34	n.d
2	点扫 1	17.53	45.67	24.03	0.20	7.29	1.87	2.55	0.53	0.33	n.d
	点扫 2	23.94	43.81	20.65	0.18	6.39	1.62	2.11	0.48	0.31	0.51
	点扫 3	56.38	30.70	7.58	0.24	3.64	0.44	0.54	0.15	0.33	n.d
	点扫 4	59.98	30.35	4.76	0.28	3.58	0.30	0.25	0.20	0.30	n.d
	点扫 5	67.26	18.20	7.16	0.29	5.38	0.48	0.52	0.32	0.39	n.d

注：已归一化处理，n.d 表示未检出。

②样品 AFQFS-9 的夹杂物形貌及成分分析

样品 AFQFS-9 的夹杂物以单相玻璃态硅酸盐 SiO_2 夹杂为主　呈细长形排列成行并沿加工方向变形拉长（图 48 ～ 50）。

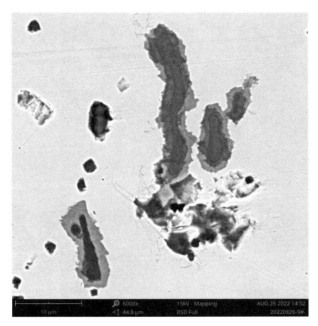
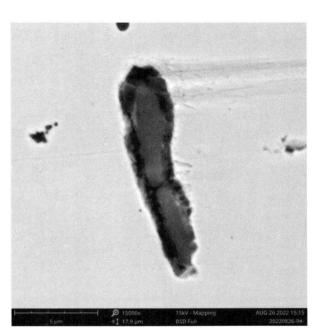

图 48　样品 AFQFS-9 夹杂物 1 背散射电子像　　图 49　样品 AFQFS-9 夹杂物 2 背散射电子像

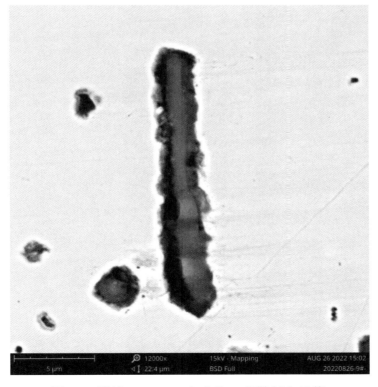

图 50　样品 AFQFS-9 夹杂物 3 背散射电子像

样品 AFQFS-9 的夹杂物成分中 Si 元素含量高、Fe 元素含量低；P、Al、Ca、Mg、Na 等元素含量较为均匀。分析结果见表 6。

表 6　样品 AFQFS-9 的夹杂物成分分析结果（wt%）

夹杂物序号	分析点	Fe	O	Si	P	Al	Ca	K	Mg	Na	C
1	点扫 1	53.94	35.54	3.09	0.07	2.51	n.d	n.d	n.d	n.d	4.85
	点扫 2	52.77	36.08	3.41	0.08	2.61	0.10	n.d	n.d	n.d	4.95
	点扫 3	54.79	33.65	8.50	0.31	2.64	0.11	n.d	n.d	n.d	n.d
	点扫 4	62.67	30.63	2.32	0.13	n.d	n.d	n.d	n.d	n.d	4.25
	点扫 5	66.36	30.16	2.57	0.11	0.77	0.03	n.d	n.d	n.d	n.d
	点扫 6	67.27	25.94	1.78	0.08	n.d	0.04	n.d	n.d	n.d	4.89
	点扫 7	84.70	7.82	0.71	n.d	n.d	0.24	n.d	n.d	n.d	6.53
	点扫 8	41.27	22.90	13.54	0.82	2.88	4.21	n.d	n.d	n.d	14.38
2	点扫 1	32.62	34.51	15.26	0.61	3.52	4.68	n.d	0.68	0.88	7.24
	点扫 2	35.46	33.72	15.08	0.40	3.78	3.80	n.d	0.84	1.01	5.91
	点扫 3	33.64	33.58	16.29	0.43	4.12	4.10	n.d	0.93	1.04	5.87
	点扫 4	30.68	34.77	16.48	n.d	3.97	4.53	n.d	0.77	0.99	7.81
	点扫 5	34.02	31.83	14.22	n.d	3.66	3.33	n.d	0.78	1.02	11.14
	点扫 6	29.71	19.63	4.81	0.22	1.15	1.83	n.d	0.14	0.30	42.21
	点扫 7	68.12	18.40	1.35	7.10	n.d	0.55	3.62	n.d	0.86	n.d
	点扫 8	89.71	3.65	n.d	n.d	n.d	0.21	n.d	0.07	0.15	6.21
	点扫 9	52.72	n.d	n.d	n.d	n.d	0.06	n.d	n.d	n.d	47.22
3	点扫 1	21.20	36.72	19.60	0.34	4.54	6.46	0.90	0.96	1.15	8.13
	点扫 2	29.00	36.48	15.22	0.24	3.74	5.20	0.79	0.75	1.07	7.51
	点扫 3	17.73	6.65	2.86	0.09	n.d	1.16	0.18	0.11	0.22	71.00
	点扫 4	85.17	0.76	0.51	0.04	n.d	0.64	0.07	0.04	0.07	12.70
	点扫 5	73.19	11.24	3.75	0.04	0.67	2.00	0.47	0.17	0.37	8.10

注：已归一化处理，n.d 表示未检出。

③样品 AFQFS-13 的夹杂物形貌及成分分析

样品 AFQFS-13 的夹杂物以氧化亚铁 - 硅酸盐 FeO-SiO$_2$ 夹杂为主，呈细长形，按方向性排列成行（图 51）。

样品 AFQFS-13 的夹杂物成分 Si、P、Ca 三种元素含量分布均匀，K、Mg、Na 等元素含量较少。分析结果见表 7。

表 7　样品 AFQFS-13 的夹杂物成分分析结果（wt%）

夹杂物分析点	Fe	O	Si	P	Ca	K	Mg	Na	C
点扫 1	58.66	40.61	n.d	0.24	0.18	0.08	0.03	0.20	n.d
点扫 2	92.24	6.74	0.17	0.60	0.25	n.d	n.d	n.d	n.d
点扫 3	78.10	20.40	0.50	0.93	0.07	n.d	n.d	n.d	n.d
点扫 4	58.79	40.20	0.48	0.41	0.12	n.d	n.d	n.d	n.d
点扫 5	21.71	26.79	0.06	0.15	0.09	n.d	0.01	0.05	51.14
点扫 6	46.83	23.00	0.18	0.21	0.14	0.06	n.d	n.d	29.58

注：已归一化处理，n.d 表示未检出。

④样品 AFQFS-14 的夹杂物形貌及成分分析

样品 AFQFS-14 的夹杂物以氧化亚铁 - 硅酸盐 FeO-SiO$_2$ 夹杂为主，呈细长型（图 52）。

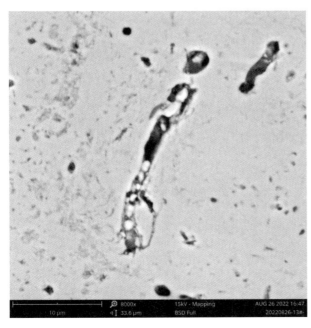

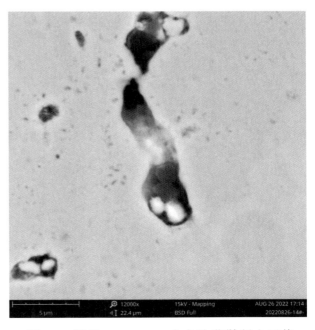

图 51　样品 AFQFS-13 夹杂物背散射电子像　　　图 52　样品 AFQFS-14 夹杂物背散射电子像

样品 AFQFS-14 的夹杂物成分 Si、P、Ca、K 等元素含量分布均匀，几乎不含 Mg、Na 等元素。分析结果见表 8。

表 8　样品 AFQFS-14 的夹杂物成分分析结果（wt%）

夹杂物分析点	Fe	O	Si	P	Ca	K	Mg	Na	C
点扫 1	39.67	17.93	0.21	0.16	0.18	n.d	n.d	n.d	41.85
点扫 2	90.24	9.06	0.21	0.14	0.30	0.05	n.d	n.d	n.d
点扫 3	75.36	23.81	0.32	0.09	0.23	0.04	0.06	0.09	n.d
点扫 4	60.88	12.00	0.17	0.09	0.19	0.03	n.d	n.d	26.64

注：已归一化处理，n.d 表示未检出。

（3）安福起凤山汉墓出土铁器 SEM-EDS 夹杂物形貌及成分分析汇总

该墓出土铁器样品的 SEM-EDS 夹杂物形貌及成分分析描述见表 9。

表 9　安福起凤山汉墓出土铁器样品 SEM-EDS 夹杂物形貌及成分分析结果

材质	样品编号	夹杂物形貌描述	成分分析结果
块炼渗碳钢	AFQFS-6	夹杂物以氧化亚铁 - 铁橄榄石型硅酸盐 $FeO-Fe_2SiO_4·SiO_2$ 夹杂为主，少量氧化亚铁 FeO 夹杂，夹杂物变形量小但沿加工方向排列。	Fe 元素含量高、Si 元素含量低；P、Ca 等元素含量不均匀，波动较大；含极少量 Al 元素，未见 K、Mg 元素。
炒钢	AFQFS-8	单相玻璃态硅酸盐 SiO_2 夹杂为主，偶见氧化亚铁 - 橄榄石型 $FeO·Fe_2SiO_4$ 夹杂，总体呈细小状且沿加工方向变形拉长。	Si、Al 元素含量高、Fe 元素含量低；P、Ca、K、Mg、Na 等元素含量较为均匀。
	AFQFS-9	单相玻璃态硅酸盐 SiO_2 夹杂为主，呈细长形排列成行并沿加工方向变形拉长。	Si 元素含量高、Fe 元素含量低；P、Al、Ca、Mg、Na 等元素含量较为均匀。
	AFQFS-13	氧化亚铁 - 硅酸盐 $FeO-SiO_2$ 夹杂为主，呈细长形，按方向性排列成行。	Si、P、Ca 三种元素含量分布均匀，K、Mg、Na 等元素含量较少。
	AFQFS-14	氧化亚铁 - 硅酸盐 $FeO-SiO_2$ 夹杂为主，呈细长型。	Si、P、Ca、K 等元素含量分布均匀，几乎不含 Mg、Na 等元素。
完全矿化	AFQFS-1		
	AFQFS-3		
	AFQFS-4		
	AFQFS-5	—	—
	AFQFS-7		
	AFQFS-10		
	AFQFS-11		
	AFQFS-15		

四　结果讨论

　　安福起凤山汉墓出土铁器已大部分自然腐蚀、矿化，通过金相显微镜及扫描电镜能谱仪（SEM-EDS）分析所取样品的残余金属基体，可得知该墓铁器由锻造所制，材质分为两大类型：块炼渗碳钢、生铁炒钢。由此得知，该时期铁器的钢铁冶炼技术体系为块炼铁及块炼渗碳钢体系和生铁及生铁制钢体系共存，其中有部分生铁炒钢制品边缘存在折叠锻打痕迹，可保证在具有一定韧性的基础上，提高了铁器的表面硬度，说明此时期铁器制作工艺已较为成熟，并能够根据制品的用途和需求进行相应的加工，以获得最佳使用性能。

　　综上所述，安福起凤山汉墓出土铁器分为两大材质类型，即块炼渗碳钢制品和生铁炒钢制品，制作工艺以锻造为主，其中包括部分炒钢制品边缘经过折叠锻打处理，以此提高器物的使用寿命和综合性能。

158

后　记

　　我在南京大学浅学四年考古，1989 年 7 月毕业分配到江西从事考古工作，一切都平淡，顺其自然。田野考古是日晒雨淋、风餐露宿的艰苦活，在 20 世纪 90 年代更是如此。记得刚参加工作，被安排的是配合向（向塘）吉（吉安）铁路建设文物抢救工作，当时住在丰城荣塘山顶废弃的一个茶厂里，一起工作的也没几个人，晚上照明使用蜡烛，周边黑漆漆一片，瘆得心慌。山顶也没有自来水，烧饭洗漱都是用木桶从深井里提取，没有一定技巧这水还打不上来。娱乐活动基本就是听小型收音机。个中滋味只有考古人能够体会，但有苦也有乐，最开心的就是有所发现，这一干就是十八年光阴。谁承想 2007 年 6 月 8 日，因为工作需要把正在带队整理鹰潭角山商代窑址报告的我调离了考古所，去江西省博物馆工作。本以为随着岗位的变动，考古生涯也就结束了，所有的考古资料也做了移交。岁月更替，斗转星移，不知不觉中在省博物馆一待就是十一年。意外的是，又因为工作需要，2018 年 3 月我再次被调回江西省文物考古研究院工作，真是兜兜转转，注定要做个有始有终的考古人了。

　　2019 年 8 月 30 日，在安福县发现了大型土坑木椁墓，院里决定由我来主持发掘工作，中断十一年后，我拿起手铲重新开启了田野考古生涯。发掘工作始于 2019 年 10 月，至 2021 年 11 月所有田野工作结束，共清理西汉墓葬 5 座，东汉墓葬 1 座。院本部的徐宏杰、李娟、陈慧、郑贝贝、吴振华，以及技工黄军桃、陈珩珩、万维梁，安福县博物馆的唐戟平、刘丽珍、何财山、刘君武，吉安市博物馆的王臻、温葵珍，南昌市博物馆的田庄，鹰潭市博物馆的江凌，吉安县博物馆的刘佳，玉山博物馆的余盛华，北京大学考古文博学院的丁颢，南京大学历史学院的邓雨菲，山西大学历史文化学院的李星仪等先后参加了发掘工作。

　　2022 年 7 月 14 日开始进入资料整理阶段。因院里工作任务繁重，人员分配紧张，期间项目组人员还需同时承担江西省长江流域文物资源调查，配合赣粤高速和沪昆高速"四改八"考古调查和发掘，长赣高速考古调查，以及收集整理 1989 年至 2017 年瑞昌铜岭矿冶遗址 30 年来数次发掘的资料（瑞昌铜岭矿冶遗址最早的发掘始于 20 世纪 80 年代末，由于都是纸质资料，且时隔 30 多年，很多资料都残缺不全，更糟糕的是很多资料被白蚁蛀蚀，纸张也脆得一碰就碎，给资料收集与整理造成了极大困难）等工作。诸此种种，工作量不可谓不大，也迟滞了报告编写的进度，但资料整理组同心协力，克服种种困难，终于把本报告编撰完成。

　　感谢国家文物局、江西省文物局、安福县人民政府和安福县文旅部门的大力支持。国家文物局、安福县人民政府为发掘工作和报告出版提供了经费支持；江西省文物局丁新权局长、邓明华处长、蔡宇副处长到发掘现场进行了视察与指导；安福县人民政府朱树清和张洪华副县长多次到现场进行协调；安福县文化广电新闻出版旅游局前局长刘云根、接任的王宁胜局长以及丰辉庭副局长为考古工作解决了很多实际困难；安福县博物馆、吉安市博物馆、鹰潭市博物馆、南昌市博物馆、吉安县博物馆、玉山县博物馆为发掘工作提供了人员支持。

感谢报告编写组的全体成员，他们各司其职，一年多来几乎没有休过假，即便是国庆和元旦都坚守在工地，正是他们的敬业精神才使报告得以顺利完成。黄军桃承担了陶器的修复工作；李文欢、吴振华、郑贝贝承担了金属器和漆木器的修复工作；徐宏杰、李娟、温葵珍、丁颢承担了资料收集工作；李娟、王萌、陈伟勋、段梦娣、刘佳、戴仪辉、潘娅、肖廷蓉、付雨鑫、张柔等先后承担了绘图工作；王臻、余刚先后承担了摄影工作。

感谢信立祥、焦南峰、张仲立、吴顺清、刘建国、刘勇、王丹、唐锦琼、王意乐等诸位先生。焦南峰、张仲立两位先生两度来现场指导发掘工作；吴顺清先生来现场指导了漆木器的保护工作，刘建国先生来现场指导了数字化考古工作，手把手教考古队员们三维建模，使所有队员都掌握了三维建模的流程和技巧，受益良多；刘勇先生来现场指导了实验室考古工作；王丹先生对椁木和椁盖板上的纺织品进行了检测和分析；唐锦琼、王意乐两位先生多次来现场给我们分享大墓发掘经验，为考古发掘工作的顺利进行提供了重要借鉴。

感谢考古院前院长柯中华先生，原想田野工作结束后写篇发掘简报了事，正是由于他的鼓励和对我们在工作经费、人力、时间上的大力支持，才使本报告能够面世。

报告共分为十章：第一章由李荣华、徐宏杰、李娟执笔；第二章由徐宏杰、李娟、何财山执笔；第三章由徐宏杰、陈慧、刘君武、李荣华执笔；第四章由李娟、刘佳、温葵珍执笔；第五章由温葵珍、李娟、谢绮执笔；第六章由谢绮、江凌、徐宏杰执笔；第七章由李娟、温葵珍、徐宏杰执笔；第八章由温葵珍、徐宏杰、陈慧执笔；第九章由徐宏杰、李娟、陈慧、李荣华执笔。全书由李娟、徐宏杰、温葵珍统稿，李荣华审定。本书英文摘要由四川大学艺术学院副研究员胡听汀翻译。由于水平有限，错误在所难免，望各位读者多提宝贵意见。

值此报告出版之际，谨向关心和支持本报告编著出版的所有单位和个人致以诚挚的谢意！

李荣华

2023 年 5 月 1 日

ABSTRACT

In August 2019, a large wooden coffin tomb from the Western Han Dynasty, subsequently named Qifengshan Tomb No.1, was discovered in Qifengshan, approximately 1 kilometer northwest of Anfu, Ji'an, Jiangxi Province. Following this excavation, archaeologists found over ten tombs from the Han Dynasty in the surrounding area, including earthen pit tombs and brick-chambered tombs. Excavations and investigations provide substantial archaeological evidence that a significant Han Dynasty graveyard exists in the Qifengshan and neighboring Wangjialing area.

This archaeological project, focused on the Han Dynasty tombs in Qifengshan, is conducted in two phases. The first phase (2019-2020) primarily involves the excavation of Qifengshan Tomb No.1. As the grandest and highest-class tomb discovered, Tomb No.1 is a vertical earthen pit wooden coffin tomb with a plan resembling the Chinese character "jiǎ" and facing south. The tomb consists of earth mounds, a tomb passage, a burial pit, and a coffin chamber. Clear rammed hole traces are visible in the filling soil, indicating that the soil was tamped during the filling process. To forestall the incursion of moisture, the interstice between the outer coffin and the tomb pit's walls was filled with charcoal and white plaster, while a layer of charcoal, approximately 10 centimeters thick, was also laid on the bottom of the burial pit.

Despite the looting of Tomb No.1, a few burial objects, including bronzes, lacquer wares, wood wares, gold wares, silver wares, glass wares, and potteries, were still unearthed. Bronzes mainly contain carriage accessories such as horse bits (*Biao* and *Xian*), wheel accessories (*Wei*), mirrors, Wuzhu coins, etc. Lacquer wares and wood wares comprise ear cups and lacquer plates, all of which are fragmentary and deformed, with one plate having the character "Eastern Palace" (东宫) inscribed below its rim. The goldware is chiefly gold foil, while the silverware includes circular decorations, cover archery caps, and so on. Only one glass earring was excavated. All potteries have shattered into fragments, which causes difficulty in restoration. Based on the tomb's structure and unearthed artifacts, it is estimated that Tomb No.1 originated from the late Western Han Dynasty. Despite the uncertainty surrounding the tomb owner's identity, the tomb's specifications and artifacts demonstrate that the owner should have been a Marquis-ranking aristocrat before his death. Considering historical records, the owner could be related to Liu Xi (granted the Marquis title in 48 BC), the Marquis of Anping from Changsha King's lineage.

The second phase of work (2021) concentrated on excavating tombs around Tomb No. 1 Four tombs from the Han Dynasty were discovered, with Tomb No. 17 being notably large. The structure of Tomb No. 17 is comparable to that of Tomb No. 1; however, it has suffered from severe looting, leaving nearly all funerary artifacts missing. Its structure and the bronze mirrors unearthed suggest that Tomb No. 17 dates to the late Western Han Dynasty, similar to Tomb No. 1. The remaining three tombs are vertical earthen pit tombs. Among them, Tomb No.7 has an unidentifiable structure due to damage sustained by its eastern wall; each of the other two tombs features a distinct tomb passage. Two rectangular wooden crosstie ditches, aligned with the direction of the tombs, were uncovered at the base of these three tombs.

The excavation of tombs in Qifengshan offers invaluable tangible evidence for comprehensive research into the funerary customs and cultural characteristics of the Han Dynasty. Tomb No.1 and Tomb No.17, considering their imposing size and the elevated status of their owners, are not only exceptional within Jiangxi Province but also serve as crucial resources for understanding the elite's funeral practices and the craftsmanship, such as the craft of lacquer wares, during the Western Han Dynasty. These tombs hold substantial academic significance for comprehending the socio-political hierarchy, ritual systems, and material culture of the Han Dynasty.

1. 发现时情况

2. 椁板

彩版一　起凤山一号墓发现及勘察情况

彩版二 起凤山汉墓分布图

彩版三　起凤山十七号墓发现时情况

1.夯窝提取

2.现场提取实验样本

彩版四　一号墓遗迹采集

1. 墓道清理三分之二

2. 墓东壁木炭和白膏泥交替层

彩版五　一号墓清理情况

彩版六　一号墓墓底枕木

彩版七　专家指导

彩版八 田野调查范围

1. 近年地理环境

2. 1965年影像资料展示的地理环境

彩版九　起凤山地理环境

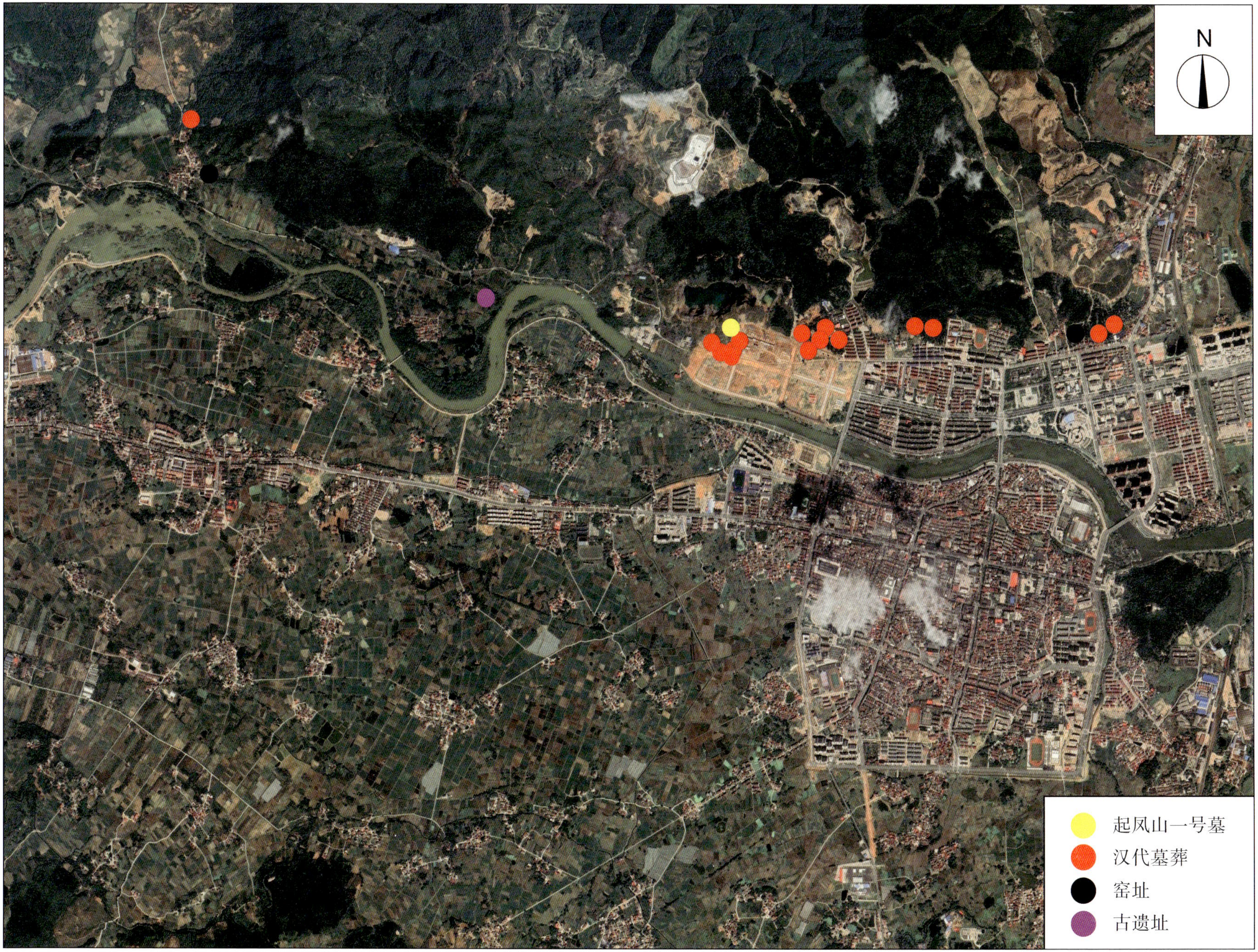

彩版一〇　一号墓周边遗迹

起凤山一号墓
汉代墓葬
窑址
古遗址

1. 二号墓发现时状况

2. 三号墓发现时状况

彩版一一　二号墓、三号墓发现时状况

彩版一二　五号墓发现时状况

彩版一三　江布园红烧土堆积范围

彩版一四　一号墓清表后

1. 墓道（从西向东）

2. 近长方形台面

彩版一五　一号墓墓道

北 ←┼

50厘米

0

彩版一六 一号墓墓道地层

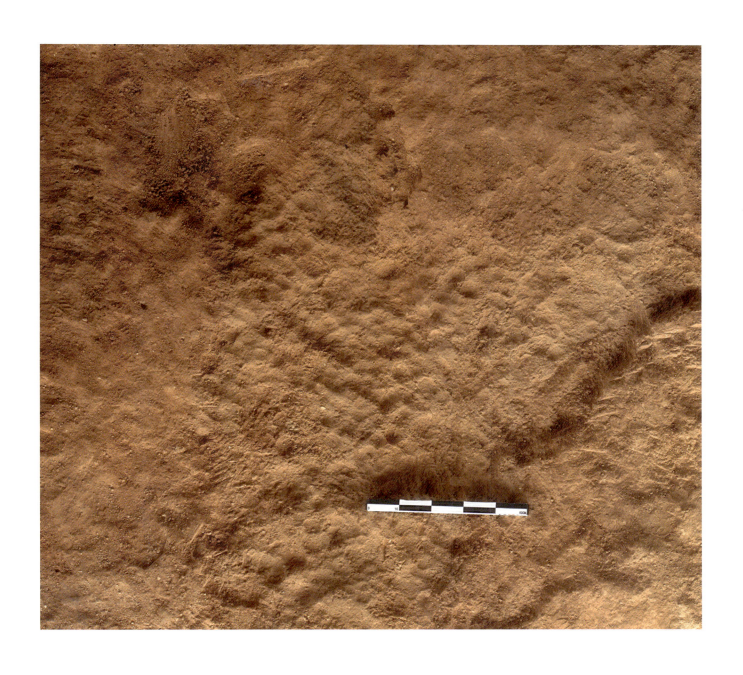

彩版一七　一号墓墓室填土夯窝

彩版一八　一号墓椁室

彩版一九　一号墓枕木沟槽

彩版二〇　一号墓第一层椁底板

1. 墓室东壁的填充层

2. 椁室西侧板

彩版二一　一号墓墓室

彩版二二　一号墓椁室南立柱

彩版二三　一号墓第二层椁底板

彩版二四　一号墓第二层底板上榫卯结构

1. 底板

2. 顶板

彩版二五　一号墓内椁

彩版二六　一号墓椁顶残存夹纻胎

彩版二七　一号墓棺位置

彩版二八　一号墓棺内

2. 钩心（M1：39）

3. 錾（M1：29）

1. 键（销轴）（M1：7）

4. 錾（M1：28）上残留漆皮

彩版二九　一号墓出土铜器

彩版三〇　一号墓出土铜镜（M1：22）

彩版三一　一号墓出土五铢钱

1. 马镳（M1∶9）

2. 马衔

彩版三二　一号墓出土锡车马器

1. 车軎（M1∶1）

3. 盖弓帽（M1∶12）

2. 衡末轭首（M1∶24）

4. 圆牌饰（M1∶5）

彩版三三　一号墓出土锡器

彩版三四　一号墓出土漆盘（M1∶8）

彩版三五　一号墓出土漆盘（M1∶27）

彩版三六　一号墓出土漆箱板（M1：30）

彩版三七　一号墓出土漆箱板（M1∶31）

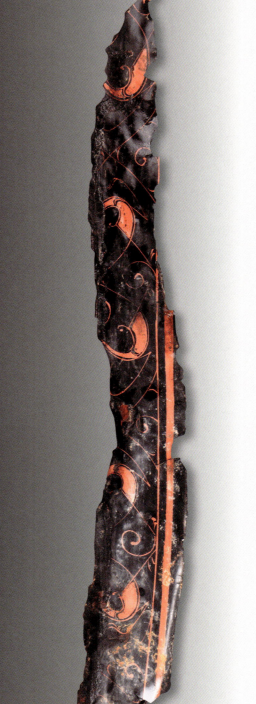

1.M1：32

2.M1：33

彩版三八　一号墓出土漆箱板

1.M1：35

2.M1：34

彩版三九　一号墓出土漆案足

彩版四〇　一号墓出土漆耳杯情形

1.M1：25

2.M1：26

彩版四一　一号墓出土漆耳杯残片

1. 残片（M1：6）

2. 耳杯耳部（M1：23）

彩版四二　一号墓出土漆耳杯

彩版四三　一号墓出土漆耳杯耳部（M1：15、M1：37、M1：38）

彩版四四　一号墓出土漆耳杯（M1∶4）（修复后）

彩版四五　一号墓出土木构件（M1：19）

彩版四六　一号墓出土木构件（M1：21）

彩版四七　一号墓出土木构件（M1：36）

彩版四八　一号墓墓道出土的陶片（部分）

1.M1：16

3.M1：42

4.M1：43

2.M1：41

5.M1：44

彩版四九　一号墓出土陶罐

1. 琉璃耳珰（M1：3）

3. 青瓷碗

2. 金箔

彩版五〇　一号墓出土器物

M 7   M 6

彩版五一　六号墓清表后

彩版五二　六号墓墓底沟槽

1. 墓底木板痕迹

2. 墓底朱砂

彩版五三　六号墓

彩版五四　六号墓随葬品分布

彩版五五　六号墓出土铜镜（M6：1）

彩版五六　六号墓出土陶器

彩版五七　六号墓出土 A 型陶罐情形

彩版五八　六号墓出土 A 型陶罐（M6：4）

（器盖内捺窝纹）

彩版五九　六号墓出土 A 型陶罐（M6：5）

（ "大" 字形刻划符号）

彩版六〇　六号墓出土 A 型陶罐（M6：7）

1.M6：24

2.M6：26

彩版六一　六号墓出土 Ba 型陶罐

1.Bb 型罐（M6：8）

2. 器盖（M6：29）

彩版六二　六号墓出土陶器

（"乂"形刻划符号）

彩版六三　六号墓出土陶盒（M6：2）

（陶甑和陶灶出土情形）

彩版六四　六号墓出土陶甑（M6：3）

彩版六五　六号墓出土陶仓（M6∶6）

彩版六六　六号墓出土陶仓（M6：27）

彩版六七　六号墓出土陶鼎（M6：28）

（"米"字形刻划符号）

1. 筒瓦（M6：30）

2. 板瓦（M6：31）

3. 研（M6：18）

彩版六八　六号墓出土陶器

1. 钩

2. 棺钉（M6：17）

彩版六九　六号墓出土铁器

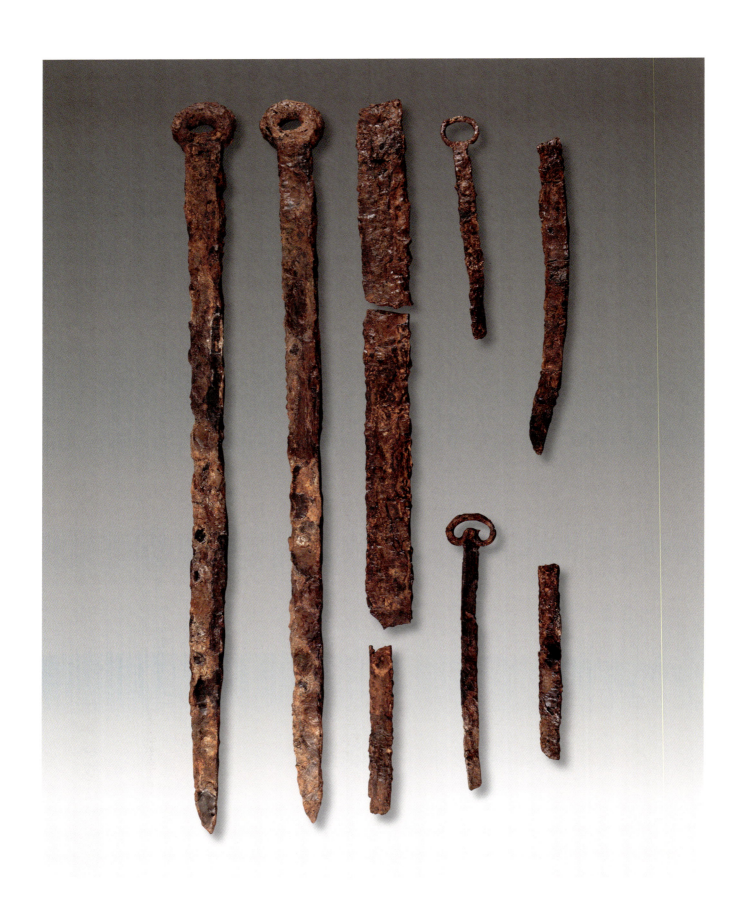

彩版七〇　六号墓出土铁刀

1.M6：13

2.M6：19

3.M6：20

4.M6：23

彩版七一　六号墓出土铁刀

1.M6：14

2.M6：16

3.M6：22

4.M6：32

彩版七二　六号墓出土铁环首刀

彩版七三　六号墓出土铁剑（M6：21）

1. 砚板和陶研出土情形

2. M6：15

彩版七四　六号墓出土砚板

1. 被明清墓打破情况

2. 墓底沟槽

彩版七五　七号墓

彩版七六　七号墓墓底木炭及器物分布

彩版七七　七号墓出土铜镜（M7：7）

彩版七八　七号墓出土五铢钱

1.M7：1

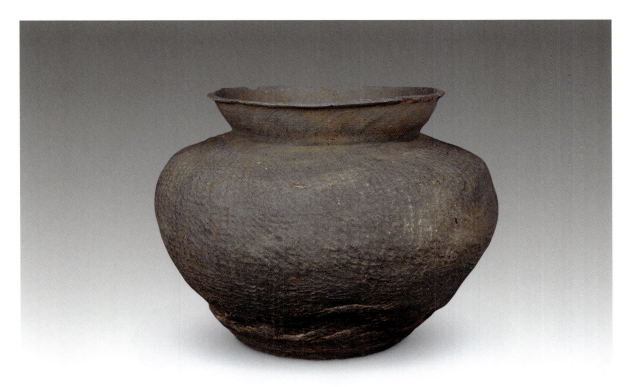

2.M7：2

彩版七九　七号墓出土 A 型陶罐

1.M7：3

2.M7：6

彩版八〇　七号墓出土 B 型陶罐

彩版八一　七号墓出土陶盒（M7：4）

（"X"形刻化符）

彩版八二　七号墓出土陶鼎（M7：8）

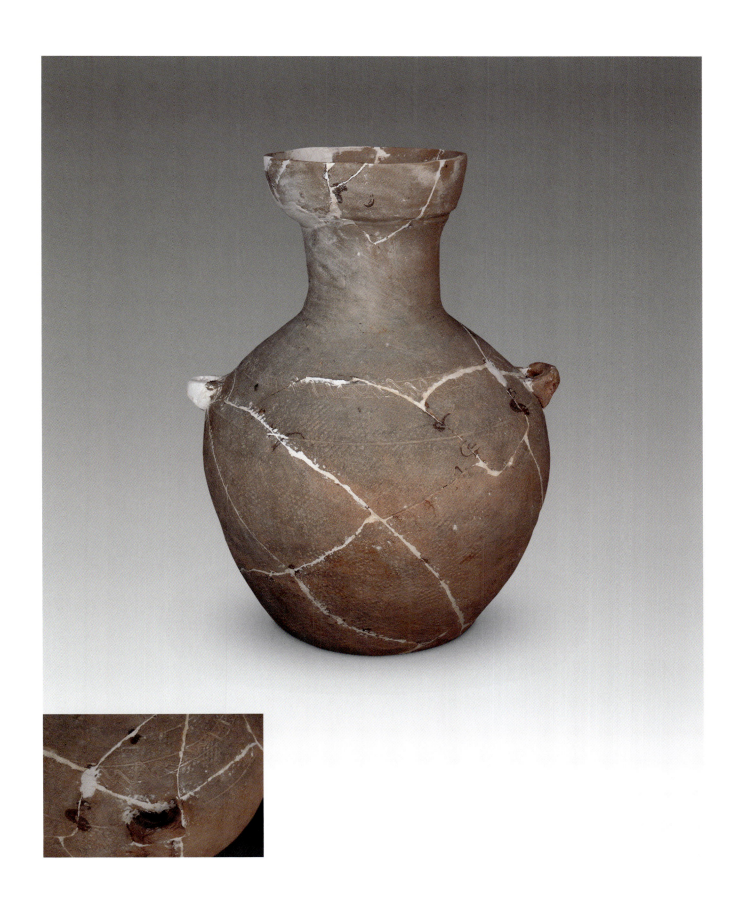

彩版八三　七号墓出土陶壶（M7：9）

1. 琉璃耳珰（M7：10、M7：11）

2. 铁釜（M7：5）

3. 铁环首刀（M7：12）

彩版八四　七号墓出土器物

扰 土　封土①　封土②

生 土

1. 残存封土地层

2. 残存墓道

彩版八五　十七号墓

彩版八六　十七号墓墓坑北壁和西壁

彩版八七　十七号墓墓底木炭及地栿沟槽

1. 墓底木头残留痕迹

2. 残存夹纻胎

彩版八八　十七号墓椁室

1. 漆器残片

2. 贴金箔漆器残片

彩版八九　十七号墓出土随葬器物

1. 器足（M17：4）

2. 五铢钱

彩版九〇　十七号墓出土铜器

彩版九一　十七号墓出土铜镜（M17：3）

1.M17：5

2.M17：6

彩版九二　十七号墓出土陶罐

1. 玉塞（M17：1）

2. 玉塞（M17：7）

3. 玉片（M17：2）

彩版九三　十七号墓出土玉器

彩版九四　二十四号墓被发现时情形

彩版九五　二十四号墓墓葬形制及器物分布

彩版九六　二十四号墓地栿沟槽

1. 釜（M24：2）

2. 钵（M24：3）

彩版九七　二十四号墓出土陶器

（"大"字形刻划符号）

彩版九八　二十四号墓出土 A 型陶罐（M24：6）

1.M24：4

2.M24：7

彩版九九　二十四号墓出土 A 型陶罐

1.B 型罐（M24：8）

2. 盌（M24：5）

彩版一〇〇　二十四号墓出土陶器

彩版一〇一　二十四号墓出土陶壶（M24：1）

彩版一〇二　八号墓墓葬形制

彩版一○三　八号墓墓门砖

1. 墓壁半同心圆花纹砖

2. 榫卯结构墓砖

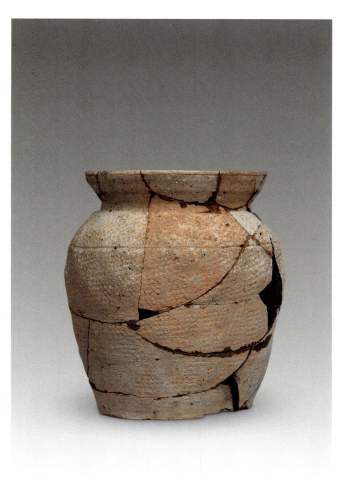

1.M8：1

2.M8：2

彩版一〇五　八号墓出土陶罐

1. 搭建保护棚

2. 搭建延时摄影设备

彩版一〇六　一号墓数字化工作

1. 三维扫描工作照

2. 三维扫描测站布设

彩版一〇七　一号墓数字化工作